ISAAC LAQUEDEM

PAR

ALEXANDRE DUMAS

II

PARIS
A LA LIBRAIRIE THÉATRALE,
BOULEVARD SAINT-MARTIN, 12.
—
1853

ISAAC LAQUEDEM.

PARIS. — IMPRIMERIE DE Mme Ve DONDEY-DUPRÉ,
Rue Saint-Louis, 46, au Marais.

ISAAC
LAQUEDEM

PAR

ALEXANDRE DUMAS

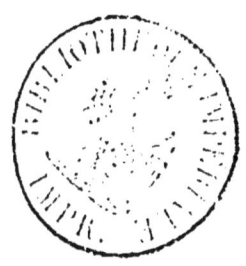

II

PARIS
A LA LIBRAIRIE THÉATRALE,
BOULEVARD SAINT-MARTIN, 12.

1853

2463

ISAAC LAQUEDEM

JÉRUSALEM.

III.

Un de ces rois qui, selon la prophétie de Daniel, s'étaient taillé des royaumes dans l'empire d'Alexandre, se nommait Seleucus Nicator ou Seleucus le Vainqueur.

C'était à lui que la Syrie était échue.

Pendant cent vingt-cinq ans, ses successeurs qui, ainsi que lui, avaient Antioche pour capitale, reçurent le tribut de Jérusalem, et, en échange de ce tribut, respectèrent la législation, les mœurs et les croyances juives.

Ces successeurs furent Antiochus le Sauveur, Antiochus le Dieu, Seleucus II, Seleucus III et Antiochus le Grand, — auquel succéda Seleucus Philopator, — et, enfin, Antiochus IV.

Chacun de ces princes, comme on le voit, avait un surnom plus ou moins mérité, Antiochus IV avait pris celui de Theos Épiphanes (Dieu présent).

La postérité changea ce surnom en celui d'Épimanes, qui veut dire *insensé*.

Il avait marié sa sœur à Ptolémée Philometor, et lui avait donné pour dot la Célésyrie et la Phénicie.

Sa sœur morte, il réclama la dot. Ptolémée ne voulut pas la rendre. Antiochus rassembla une grande armée avec des chariots et des éléphants, vingt mille hommes de cavalerie, cent mille d'infanterie, et marcha contre l'Égypte.

Ptolémée, battu dans les premières rencontres, appela à son secours les Romains. Antiochus ne se souciait pas de se compromettre avec les fils de la Louve : il ordonna la retraite, et, pour ne pas perdre tout à fait son expédition, il vint s'abattre sur la pauvre Jérusalem, à qui cent vingt-cinq ans de paix, sinon de prospérité, avaient rendu quelque trace de son ancienne splendeur.

Il entra plein d'orgueil dans le temple, prit l'autel d'or, le chandelier d'or, la table d'or où les pains étaient exposés, tous les vases, tous les bassins, toutes les coupes, tous les encensoirs d'or, et, enfin, le voile brodé d'or, et l'ornement d'or qui était devant le temple; puis, en outre, tout l'or, tout l'argent, tous les vaisseaux précieux, tous les trésors cachés qu'il trouva, et, ayant tout enlevé, il fit un grand carnage d'hommes, une grande levée de captifs, et retourna dans son pays.

Ce fut un immense deuil par tout Israël, aussi immense que celui qui s'y était répandu lors de la première captivité.

Les princes et les anciens étaient dans la douleur; les jeunes gens et les vierges, dans l'abattement; les maris s'abandonnaient aux pleurs, et les femmes, assises sur leur lit nuptial, fondaient en larmes.

Ce ne fut pas le tout : deux ans après, vinrent de nouveaux messagers du roi. Ils s'emparèrent de la forteresse, y mirent une garnison grecque, « filet très-dangereux pour prendre les hommes, dit le livre des *Macchabées,* et qui tendait sans cesse des embûches à ceux qui venaient se sanctifier dans le temple. »

Cette forteresse, c'était le mauvais démon d'Israël; car ceux qui l'habitaient répandaient le sang innocent devant le saint lieu, et en souillaient jusqu'au sanctuaire; de sorte que les habitants s'enfuirent, et que Jérusalem, étrangère à ses concitoyens, devint la demeure des étrangers.

Mais ce n'était point encore assez. Antiochus écrivit par tous ses États, afin que tous ses peuples ne fissent plus qu'un seul peuple, et toutes leurs croyances qu'une seule croyance.

Il défendait spécialement aux Juifs d'offrir des holocaustes dans le temple de Dieu, de célébrer le sabbat et les fêtes solennelles, et ordonnait de bâtir des temples aux idoles là où était le temple du vrai Dieu.

Et si quelqu'un n'obéissait pas à cet ordre du roi Antiochus, il encourait la peine de mort.

Et des officiers étaient établis par tous les pays pour surveiller Jérusalem, et la punir.

Il y avait, alors, dans cette ville un saint homme que l'on nommait Matathias fils de Jean. C'était un vieillard de cent quarante ans.

Il avait cinq fils, et, avec ses cinq fils,

il sortit de Jérusalem, et se retira sur la montagne de Modin, située à trois heures à l'ouest de la ville sainte.

Ses cinq fils s'appelaient :

Jean, surnommé Gaddis ;

Simon, surnommé Thasi ;

Judas, surnommé Macchabée ;

Éléazar, surnommé Abaron ;

Et Jonathas, surnommé Apphus.

Et là, debout au milieu des fugitifs, il s'écriait, la barbe et les cheveux au vent, comme ces saints prophètes qui pleuraient autrefois sur Jérusalem :

— O malheur ! malheur à moi ! Étais-je donc né pour voir l'affliction de mon peuple et la ruine de la ville sainte ? Étais-je donc né pour venir m'asseoir ici, tandis que Jérusalem est souillée, que son sanctuaire est aux mains des étrangers, et son temple traité comme un homme infâme ? Les vases consacrés à sa gloire ont été enlevés comme des captifs, et emportés sur une terre ennemie ; les vieillards ont été assassinés au seuil de leurs maisons, et les jeunes gens sont tombés morts sous l'épée au milieu des rues. Quelle nation n'a point hérité de ton royaume, ô Jérusalem ! et quel peuple ne s'est point enrichi de tes dépouilles ? Toute ta magnificence t'a été enlevée, et, de libre que tu étais, te voilà esclave. Tout ce que nous avions de saint, de beau, d'éclatant, a été désolé et profané par les nations. O Jérusalem ! Jérusalem ! pourquoi donc vivons-nous encore quand tu ne vis plus ?

Et comme, en ce moment même, les envoyés du roi Antiochus venaient pour contraindre les Juifs qui s'étaient retirés à Modin de sacrifier aux idoles, et d'abandonner la loi du vrai Dieu ; comme, debout au milieu du peuple, et entouré de ses cinq fils, les officiers voyaient le vieillard, qui leur paraissait le plus considérable et le plus considéré de tous, leur chef s'avança et lui dit :

— Matathias, soyez le premier à exécuter les ordres du roi, comme ont fait toutes les nations, comme ont fait tous les hommes de Juda, comme ont fait tous les habitants qui sont restés dans Jérusalem, et vous serez placés, vous et vos fils, au rang des amis du roi, et comblé, vous et eux, d'or, de gloire et d'honneurs.

Mais, haussant la voix, afin que personne ne perdît un mot de ce qu'il disait, Matathias répondit :

— Quand toutes les nations obéiraient au roi Antiochus, quand tous ceux d'Israël abandonneraient le culte de leurs pères pour suivre ses ordonnances, quand tous ceux qui sont restés à Jérusalem plieraient le genou devant les idoles, mes frères, mes enfants et moi, ne reconnaîtrons jamais d'autre Dieu que Jéhovah.

Et, comme un Juif, effrayé sans doute de l'attitude menaçante qu'avaient prise les soldats grecs à ces paroles, s'avançait vers l'autel des faux dieux pour y sacrifier, Matathias arracha une épée des mains d'un soldat et tua le Juif.

Puis, comme l'officier s'avançait pour l'arrêter, il s'élança contre l'officier et le tua.

Alors, les soldats reculèrent.

Du pied, Matathias renversa l'autel.

Et, levant au-dessus de toutes les têtes son épée rouge de sang :

— Que quiconque est zélé pour la loi, et veut rester ferme dans l'alliance du Seigneur, me suive! cria-t-il.

Et il s'enfuit dans la montagne avec ses cinq fils, abandonnant ses maisons, ses biens, enfin tout ce qu'il possédait dans la ville.

Et ce qu'il y avait de cœurs fidèles, d'hommes désireux de vivre suivant la loi et la justice, s'en allèrent avec eux dans le désert.

C'est ici que commence cette magnifique épopée des cinq frères portant un nom prédestiné : — Macchabée veut dire, en hébreu, *celui qui frappe;* en grec *celui qui combat.*

Les soldats d'Antiochus poursuivirent les fugitifs, atteignirent une troupe d'hommes, de femmes et d'enfants, et quoique ceux-ci fussent armés, quoiqu'ils pussent fuir comme c'était le jour du sabbat, ils ne voulurent ni fuir ni se défendre.

Seulement, ils se dirent entre eux : « Frères, mourons dans la simplicité de notre cœur. » Et ils dirent à leurs meurtriers : « Le ciel et la terre seront témoins que vous nous faites mourir injustement. »

Ils tendirent la gorge comme des victimes, et furent tués avec leurs femmes, leurs enfants et leurs bestiaux.

Mille personnes périrent ce jour-là !

Mais leur sang répandu cria vengeance, et le cri fut entendu par tout Israël.

Les premiers, les Assidéens, qui étaient les plus vaillants parmi les Juifs, prirent les armes, et vinrent à Matathias.

Et tous ceux qui étaient menacés, tous ceux qui fuyaient, vinrent également augmenter la troupe de Matathias et de ses cinq fils.

Et lorsqu'ils formèrent une espèce d'armée, ils fondirent sur les prévaricateurs, sur les renégats et sur les gentils, et en firent un grand carnage. Le peu de ces hommes qui échappèrent au glaive s'enfuirent à travers les nations.

Et maîtres de Jérusalem et de tout Israël, Matathias et ses cinq fils allèrent du nord au midi, de l'orient à l'occident, renversant tous les autels des dieux étrangers.

Un jour, le vieillard s'arrêta dans sa

course : il sentait qu'il allait mourir.

Il fit venir ses fils autour de son lit.

— Mes enfants, leur dit-il en secouant la tête, ce serait une erreur à vous de croire que le règne de l'orgueil est passé ; non : voici venir, au contraire, un temps de châtiment et de ruines, un temps d'indignation et de colère ; maintenez-vous donc fermes dans la foi, et vouez votre vie à l'alliance que vos pères ont faite avec le Seigneur. Souvenez-vous des œuvres de vos ancêtres ; soyez fidèles comme eux, et vous serez grands, forts et pleins de gloire comme eux ! Vous voyez ici Simon, votre frère ; il est homme de conseil ; écoutez-le toujours ; quand je n'y serai plus, il sera votre père. Vous voyez Judas Macchabée : il a été fort et vaillant dès sa jeunesse ;

quand je n'y serai plus, il sera votre général.

Et après ces mots, il les bénit, et, la mort l'ayant touché, il se trouva réuni à ses pères.

Il mourut dans la cent quarante-sixième année de son âge, fut enseveli à Modin, dans le sépulcre de ses aïeux, et tout Israël le pleura, menant un grand deuil à l'occasion de sa mort.

A partir de ce moment, comme l'avait décidé Matathias, Simon devint la tête, et Judas le bras.

Alors, commença la lutte : elle fut longue, acharnée, mortelle!

Apollonius, qui commandait pour Antiochus dans la Judée, réunit d'abord tout ce qu'il avait de troupes, et sortit de Samarie avec une puissante armée.

Judas marcha contre lui, tailla son armée en pièces, le tua, prit son épée, et ne voulut plus désormais en avoir d'autre.

Alors, Seron, qui était un autre général de l'armée d'Antiochus, et qui commandait dans la basse Syrie, rassembla autour de lui une armée considérable, et s'avança jusqu'à Bethoron. Il menait à sa suite des marchands d'esclaves qui devaient, avec le prix des Juifs qu'il leur vendrait, payer aux Romains le tribut du roi Antiochus.

Judas ne laissa pas Seron aller plus loin.

Lorsqu'il se trouva en face des ennemis, ses soldats lui firent observer que ceux-ci étaient vingt fois plus nombreux qu'eux.

Judas répondit :

— Quand le Dieu du ciel veut nous sauver, il n'y a pas de différence pour lui entre un grand et un petit nombre.

Et il se rua sur Seron et sur son armée. L'armée fut mise en déroute, et Seron gagna à grand'peine les bords de la mer, et s'enfuit vers Antioche dans une barque.

Et il en fut ainsi des trois armées qu'Antiochus envoya encore contre Judas, qui tua trois mille hommes à Gorgias, cinq mille à Lysias, huit mille à Timothée.

Antiochus en mourut de rage.

Eupator, son fils, lui succéda.

Le nouveau roi résolut d'en finir d'un seul coup avec cette poignée de fidèles qu'il appelait une poignée de bandits.

Il rassembla une armée de cent mille hommes de pied, de vingt mille cavaliers, et de trente-deux éléphants.

Et chaque éléphant, conduit par un Indien, portait une tour de bois contenant trente-deux soldats.

Le roi se mit à la tête de ses cent vingt et un mille hommes, et s'avança vers Jérusalem.

Et toute cette multitude était effrayante à voir, avec ses clairons sonnants, ses éléphants mugissants, ses chevaux hennissants.

La cavalerie marchait sur les deux ailes, pour animer l'infanterie par le son des trompettes. Une partie de l'armée côtoyait les montagnes, tandis que l'autre suivait la plaine; et quand le soleil frappait sur les boucliers d'or et d'airain, il en rejaillissait sur les collines voisines un tel éclat, qu'elles brillaient comme des lampes ardentes.

Les habitants des campagnes fuyaient, épouvantés, devant cette mer de soldats; les fils portant les vieillards, les femmes tirant leurs enfants après elles; les hommes eux-mêmes se sauvant les premiers, tant était terrible le bruit de la marche de ces cent mille fantassins et de ces vingt mille cavaliers! tant étaient effroyables les cris des éléphants!

Judas Macchabée alla au-devant de l'ennemi.

Le choc fut terrible : six cents hommes de l'armée d'Eupator furent couchés à terre dès ce premier choc, et ne se relevèrent plus.

Un jeune homme nommé Éléazar,

voyant un éléphant gigantesque, tout encuirassé sur les flancs, et tout couvert des armes du roi, crut qu'il portait Antiochus Eupator, et, pour finir la guerre d'un coup, et s'acquérir un nom immortel, tuant à droite, à gauche, il arriva jusqu'au monstre, se glissa sous lui, et lui enfonça son épée dans les entrailles.

L'éléphant s'écroula, lui, la tour, les trente-deux hommes qu'il portait, et l'écrasa dans sa chute!

Mais, malgré des miracles de valeur, il fallut reculer devant l'ennemi : c'était la première fois qu'on lui abandonnait le champ de bataille.

Antiochus Eupator continua son chemin vers Jérusalem.

Judas et les siens se renfermèrent dans la forteresse de Sion.

Antiochus les y assiégea.

Le siége fut long; Antiochus y dressa un grand nombre d'instruments de guerre, une foule de machines qui lançaient des pierres, des dards, des feux.

Les assiégés établirent machines contre machines.

Peut-être en eût-il été de Sion comme de Troie; peut-être Antiochus fût-il resté neuf ans sous les murs de la ville sainte, si deux circonstances ne lui eussent fait lever le siége.

On était dans l'année du sabbat, — car les Juifs avaient leur année comme ils avaient leur jour de repos; — on n'avait point labouré, point semé; par conséquent, il n'y avait d'autres fruits sur la terre que ceux qu'elle rapporte naturellement.

La famine se mit dans l'armée d'Antiochus.

D'un autre côté, une révolte éclata à Antioche.

Le roi plâtra une paix rapide avec Judas, reprit le chemin de son royaume, et, en rentrant dans sa capitale, fut tué, avec Lysias, par Démétrius, fils de Séleucus, qui avait été écarté du trône par la force, et qui le reprenait par la force.

Démétrius changea de politique : au lieu d'imposer aux Juifs les dieux grecs, phéniciens et égyptiens, il leur laissa leur religion, mais voulut leur nommer un grand prêtre vendu à ses intérêts.

Ce grand prêtre trafiqua de Dieu et du peuple au profit de Démétrius. L'impie s'appelait Alcime.

Mais Judas Macchabée était debout; il

cria : « A moi, Israël! » et son armée, dispersée après la paix, se réunit à son premier cri de guerre.

Alors, Démétrius appela près de lui Nicanor, l'un des principaux seigneurs de sa cour, et lui dit :

— Prends une armée, va! et détruis ce peuple !

Judas était fidèle à ses traditions de victoire : il n'attendit point Nicanor, il marcha au-devant de lui, le rencontra à Capharsalama, le battit, et lui tua cinq mille hommes.

Nicanor, après sa défaite, rallia son armée, trois fois plus nombreuse encore que celle qui l'avait battue, et comme il attendait une autre armée de Syrie, il vint camper près de ce même Bethoron où Lysias avait été défait.

Judas marcha vers Bethoron.

La bataille eut lieu le treizième jour du mois d'*adar*. L'armée de Nicanor fut culbutée, et Nicanor tué.

Les soldats de Démétrius, voyant leur général mort, jetèrent leurs armes et prirent la fuite.

Mais les gens de Judas les poursuivirent depuis Adezer jusqu'à Gazara, sonnant des trompettes pour annoncer aux villes et aux villages d'Israël la défaite de l'ennemi; de sorte que tous les hommes des villages et des villes, de sorte que tout enfant et tout vieillard pouvant déjà ou pouvant encore porter une arme sortit au nom du Seigneur, et prit part à la ruine de cette superbe armée.

Tous les soldats de Démétrius se couchèrent sur la terre d'Israël, et pas un ne se releva.

Les vainqueurs coupèrent la tête et la main droite de Nicanor, et les clouèrent à un poteau à la vue de Jérusalem.

Et l'on décida que le treizième jour du mois d'adar, mois pendant lequel s'était livrée la bataille, serait, dans l'avenir, consacré comme une des grandes fêtes d'Israël.

Mais les braves défenseurs de la liberté religieuse et politique de la Judée s'épuisaient dans la lutte : chaque nouveau combat leur tirait des veines le plus pur de leur sang; chaque victoire diminuait les battements de leurs cœurs.

Alors, Judas Macchabée entendit parler d'un peuple qui, né dans la guerre, avait grandi par la guerre; d'un peuple qui, à l'orient, avait soumis les Galates, et les avait faits ses tributaires; qui, à l'occident, avait envahi l'Espagne, et lui avait pris ses mines d'or, d'argent et de plomb; d'un peuple qui avait assujetti des rois très-éloignés de lui; qui avait détruit des armées venues, pour l'attaquer, des extrémités du monde; qui avait vaincu Philippe et Persée, rois des Céthéens; d'un peuple qui, après avoir défait entièrement Antiochus le Grand, roi d'Asie, — lequel l'avait attaqué avec une puissante armée, cent vingt éléphants, un grand nombre de cavaliers, de chars et de chariots, — avait pris vif ce même Antiochus, et ne l'avait relâché que contre des otages, et en imposant un tribut à lui et à ses successeurs; d'un peuple qui s'était emparé du pays des

Perses, des Mèdes et des Lydiens, et
qui en avait fait don à l'un de ses alliés, le roi Eumène. On avait dit encore
à Judas que ceux de la Grèce, c'est-àdire les compatriotes de cet Alexandre
que l'on avait vu passer, cent cinquante
ans auparavant, à Jérusalem, dans la
majesté de la gloire et dans la grandeur
de la conquête, — avaient voulu marcher contre ce peuple pour le détruire,
mais que lui s'était contenté d'envoyer
contre les Grecs un seul de ses généraux et une seule de ses armées, et que
ce général les avait vaincus, les avait
dispersés, avait mis le feu à leurs villes,
avait rasé leurs remparts, et emmené
leurs femmes et leurs enfants en captivité. Enfin, on assurait que ce peuple avait
ruiné, soumis, tiré à lui tous les autres

empires et les villes qui lui avaient résisté.

Mais on affirmait que ce peuple gardait religieusement sa parole, restait fidèle aux alliances jurées, et avait une main aussi ferme pour le maintien de ses amis que pour la destruction de ses ennemis.

Ce peuple s'appelait le peuple romain.

Judas Macchabée, ayant donc entendu dire cela, choisit Eupolemus fils de Jean, et Jason fils d'Eléazar, tous deux ses neveux, et les envoya à Rome pour faire alliance avec les Romains.

Qu'était donc, en réalité, ce peuple qui venait se révéler ainsi à la Judée comme un allié, comme un appui, comme un sauveur, et qui devait bientôt devenir son maître ?

Nous allons le dire en deux mots.

On a vu que, dans le monde de David, il ne comptait pas encore.

Quatre cent trente-deux ans après la prise de Troie, deux cent cinquante ans après la mort de Salomon, vers le temps de la naissance d'Isaïe, au commencement de la 7ᵉ olympiade, dans la première année du gouvernement décennal de l'archonte d'Athènes Charops, — Numitor, roi des Albains, ayant donné à ses deux petits-fils Romulus et Rémus, bâtards de sa fille Rhéa Sylvia, exposés au bord d'une rivière, nourris par une louve dans un bois désert, retrouvés dans ce bois par un berger qui cherchait un mouton que la louve lui avait enlevé; — Numitor, disons-nous, ayant donné à ses deux petits-fils le canton dans lequel ceux-ci avaient été élevés, ils sortirent d'Albe la Longue avec une troupe de bandits.

Les deux frères et leur troupe descendirent la montagne d'Albano, et gagnèrent une colline la plus élevée au milieu de six autres, et sur le versant de laquelle s'étendait le bois où la louve les avait nourris.

Au bas de cette montagne, et sur la lisière du bois, coulait un ruisseau qu'on appelait la fontaine Juturne.

Plus loin, entre deux collines sans nom, un fleuve qu'on appelait le Tibre.

Arrivés au sommet de cette colline plus élevée que les autres, les deux frères se mirent à contester ensemble sur l'emplacement où ils devaient fonder leur ville. Sans avoir égard aux observations de son frère, Romulus traça l'enceinte de la sienne.

— Belle enceinte et bien respectable ! dit Rémus en sautant par-dessus la ligne tracée.

Son frère le tua. C'était lui faire payer un peu cher la plaisanterie !

Quelques-uns des partisans de Rémus retournèrent à Albe la Longue, annoncer cette nouvelle à Numitor. Trois mille Albains restèrent près de Romulus, sans s'inquiéter s'ils adoptaient la fortune d'un fratricide.

Les dieux ne s'en inquiétèrent pas non plus, car les augures furent favorables.

Romulus attela un bœuf et une vache à la charrue, traça un sillon autour de la montagne, et heurta du fer de sa charrue une tête d'homme qu'il tira hors de terre.

— Bon! dit-il, ma forteresse s'appellera le Capitole, et ma ville s'appellera Rome.

Capitole vient de *caput*, qui veut dire *tête*; Rome, de *ruma*, qui veut dire *mamelle*.

Titre doublement symbolique, comme on voit : Rome doit être la tête du monde et la mamelle où les peuples puiseront la foi.

Puis, comme rien ne met plus obstacle à sa volonté, Romulus fixe un jour pour offrir aux dieux un sacrifice propitiatoire. Ce jour arrivé, il fait son sacrifice, ordonne à chacun d'en faire un autre selon ses moyens, et, allumant un grand feu, il saute le premier à travers les flammes, afin de se purifier. Tous l'imitent.

En ce moment, douze vautours passent au-dessus du fondateur; ils vont d'orient en occident.

— Je promets à ma ville douze siècles de royauté! dit Romulus.

Et, de Romulus à Augustule, douze siècles s'écouleront en effet.

A l'époque où Judas Macchabée lui envoie des ambassadeurs, Rome a juste accompli la moitié de cette course.

Voyons donc où elle en est de la conquête du monde et de la royauté de l'univers.

Romulus fait le recensement de son armée; il se trouve qu'il a autour de lui trois mille hommes d'infanterie et trois cents cavaliers.

C'est le noyau du peuple romain.

Il le divise en trois corps qu'il appelle *tribus;* nomme à chacun de ces corps un chef qu'il appelle *tribun;* subdivise ces trois corps en trente autres qu'il appelle *curies,* leur nomme des chefs qu'il appelle *curions;* subdivise de nouveau chaque curie en dix corps qu'il appelle *décuries,* et leur nomme des chefs qu'il appelle *décurions.*

Il y a donc trois tribuns, trente curions, trois cents décurions.

Les hommes partagés, il passe au partage des terres, réserve d'abord la part des dieux et de la chose publique, et fait du reste trente parts égales qu'il distribue aux trente curies.

Puis les hommes et les terres partagés, il partage les emplois et les honneurs.

Il choisit les plus braves et les plus instruits de ses sujets, et les nomme *patriciens*.

Le reste, la foule, la multitude, ce sont les *plébéiens*.

Quant à Romulus, c'est le roi.

Les patriciens auront le soin du culte des dieux; ils rendront la justice; ils aideront le roi dans son gouvernement.

Les plébéiens rempliront les charges inférieures; ils s'appliqueront à l'agriculture, à l'entretien des troupeaux, à l'exercice des métiers.

Les patriciens se convoquent par des hérauts; les plébéiens au son de la trompette.

Le roi se réserve la souveraine sacrificature, la garde des lois et des coutumes du pays, le privilége de veiller à l'exacte observation du droit naturel et du droit civil; il se réserve la rédaction des traités et des conventions, le jugement des grands crimes, la faculté d'assembler le peuple, de convoquer le sénat, de dire son avis le premier, d'exécuter les décisions; il se réserve, enfin, le commandement des armées, et la souveraine autorité dans la guerre. Il réunissait donc le pouvoir religieux au pouvoir militaire, le pouvoir législatif au pouvoir exécutif.

Le nourrisson de la louve s'était, comme on le voit, fait une part de lion.

Ce fut là la base du gouvernement de Rome.

Puis les pouvoirs ainsi établis, les charges ainsi distribuées, lorsque chacun connut ses droits et ses devoirs,

Romulus s'occupa de l'agrandissement du royaume et de l'augmentation des individus.

Dans ce but, il rendit trois lois :

La première interdisait aux parents de tuer leurs enfants avant qu'ils eussent trois ans accomplis, à moins qu'ils ne fussent estropiés et monstrueux à leur naissance; dans ce cas, on les faisait voir à cinq voisins, et, selon le sentiment de ceux-ci, on les mettait à mort, ou on les laissait vivre.

La seconde accordait asile aux peuples mécontents de leurs gouvernements; — au pied du Capitole s'étendait le bois de la Louvée : Romulus consacra ce bois, y bâtit un temple, et en fit un lieu d'asile pour toute personne libre.

La troisième portait défense de passer au fil de l'épée la jeunesse des villes vaincues, l'ordre de ne pas la vendre, de ne point laisser en friche les terres conquises, mais de déclarer la conquête colonie romaine, et, comme telle, de la faire participer aux avantages réservés au peuple romain.

Ce gouvernement dura jusqu'au moment où Brutus chassa les rois, c'est-à-dire jusqu'à l'an 243 de la fondation de Rome.

Brutus était contemporain d'Ézéchiel.

Alors, le nouvel ordre de choses prend le nom de république. Un léger changement s'opère dans la forme; mais le fond reste toujours le même. Le pouvoir, réuni autrefois aux mains d'un roi, est partagé entre deux magistrats, et, de viager qu'il était, devient annuel.

On appelle les nouveaux chefs *consuls*, et, par ce nom introduit dans la langue politique de Rome, ils se trouvent avertis de ne rien faire sans consulter les citoyens.

Sauf cette consultation, — dont ils sauront bien se débarrasser, — les consuls héritent non-seulement de l'autorité royale, mais encore de l'appareil du pouvoir souverain. Cet appareil consiste en une troupe de douze licteurs marchant toujours devant le consul, sur une seule ligne, armés de simples verges de bouleau qu'ils surmonteront d'une hache quand ce magistrat sortira de Rome.

Brutus et Collatin sont les premiers consuls romains.

Le premier et le grand travail de

Rome est d'abord l'expulsion de l'élément étrusque qui s'était introduit chez elle avec les Tarquins; puis viennent les querelles entre les patriciens et les plébéiens, querelles dont les Èques et les Volsques profitent pour soutenir une lutte à mort contre Rome. Enfin, malgré l'établissement du tribunat et ses empiétements successifs, malgré le décemvirat et ses crimes, malgré le tribunat militaire, pris, abandonné, repris, l'œuvre de la conquête commence. De même que ces enfants qui, après avoir failli succomber aux maladies du premier âge, se vengent de ce temps d'arrêt par une rapide croissance, et deviennent de robustes adolescents, Rome, à peine débarrassée de ces dissensions civiles, entreprend, comme nous venons de le dire, son œuvre de conquête. Quand elle s'est agrégé les Latins et les Herniques, elle soumet les Volsques, prend Véies, jette, par la main de Manlius, les Gaulois en bas du Capitole, les chasse de Rome avec l'épée de Camille; puis, les Gaulois chassés, avec cette même épée, léguée à Papirius Cursor, elle commence la guerre samnite, qui embrasera l'Italie depuis la pointe de Rhegium jusqu'à l'Étrurie. Mais Tarente y succombera malgré Pyrrhus et ses Épirotes ; l'Étrurie, malgré Ovius Paccius et ses Samnites, le Brenn et ses Gaulois; de sorte qu'en même temps, à peu près, qu'Alexandre meurt à Babylone, Rome est ou va devenir maîtresse de l'Italie.

Alors, commencent les guerres étrangères et les victoires extérieures : à son territoire italien, qu'elle vient de conquérir avec tant de peine, Duilius réunit la Sardaigne, la Corse et la Sicile; Scipion, l'Espagne; Paul-Émile, la Macédoine; Sextius, la Gaule transalpine. Là, Rome fait une halte, car, à travers cette Gaule transalpine, apparaît, descendant des Alpes, un ennemi terrible dont elle apprend le nom, en même temps qu'il lui fait trois blessures presque mortelles. Le nom de l'ennemi, c'est Annibal; les trois blessures, ce sont Thrébie, Trasimène et Cannes. Mais les destins de Rome sont dans la main de Dieu. Le héros carthaginois est abandonné par Carthage; cependant, tout abandonné qu'il est, il lutte dix ans contre toutes les armées romaines et contre tout le peuple romain, ne quitte l'Italie que lorsque Scipion reporte de l'autre côté de la mer la guerre à Carthage, livre et perd la bataille de Zama, se réfugie chez Prusias, et s'y empoisonne, pour ne pas tomber entre les mains de Rome, à peu près au moment où Matathias, le père des Macchabées, refuse de sacrifier aux idoles, et appelle à la liberté le peuple juif.

Alors, débarrassée de son ennemi, Rome continue ses conquêtes.

Un instant, elle s'était trouvée entre deux mondes, hésitant vers lequel des deux elle devait marcher : l'occidental, pauvre, guerrier, barbare, mais plein de sève et d'avenir ; l'oriental, brillant d'art et de civilisation, mais faible, languissant, corrompu. On enverra deux consuls et deux armées consulaires contre deux peuples ignorés, inconnus, imperceptibles : les Boiens et les Insubriens ; — Rome, le dos appuyé aux Apennins, roidira ses deux bras pour les repousser de quelques lieues. — Deux légions et un général suffiront pour marcher contre Antiochus ; Rome le touchera du doigt, et le colosse aux pieds d'argile s'écroulera.

Et, en effet, le monde oriental, le monde alexandrin, si vous voulez, méritait bien d'en finir : le parjure et le meurtre s'y étaient faits dieux. Il y avait, à Naxos, un autel à l'Impiété, et un autre à l'Injustice. L'inceste était passé dans la vie commune : les rois d'Égypte, comme Osiris, épousaient leurs sœurs, et, comme Osiris, dans cet hymen, perdaient leur virilité. Les trente-trois mille villes de l'Égypte grecque n'étaient, en réalité, qu'un corps maigre et faible, une suite de pauvres bourgades descendant le long des cataractes, pour aller s'attacher à une tête monstrueuse : Alexandrie. L'empire des Séleucides, — tout peuplé de rois qui s'appellent le Grand, le Foudre, le Vainqueur des héros, — se déchirait de ses propres mains. Antioche et Séleucie, ces deux sœurs grecques, se faisaient une guerre aussi acharnée que ces frères grecs qu'on appelait Étéocle et Polynice. Tous ces misérables princes, lagides, séleucides, ne se soutenaient qu'à l'aide d'hommes du nord qu'ils faisaient venir de la Grèce, et qui s'énervaient bientôt sous le ciel de l'Asie, de la Syrie et de l'Égypte.

Rome leur défendit, un jour, cette exportation de chair vivante et vigoureuse, cette infiltration de sang jeune et guerrier, et, du coup, elle trancha le nerf des monarchies syriennes et assyriennes.

Philippe V de Macédoine avait tenu plus longtemps : il était retranché derrière des montagnes inaccessibles ; il avait pour avant-garde ceux-là qui avaient été considérés jusqu'alors comme les premiers soldats du monde : les fantassins de l'Épire, les cavaliers de la Thessalie ; il possédait les *entraves de la Grèce*, comme disait Antipater, c'est-à-dire les places d'Élatée, de Chalcis, de Corinthe et d'Orchomènes ; il avait la Grèce entière pour arsenal, pour grenier, pour trésor, — mais c'était une tête proscrite, un ennemi qu'il fallait

détruire ; un instant il s'était ligué avec
Annibal.

Rome lui envoya Flaminius, c'est-à-dire un renard cousu dans la peau d'un lion. Flaminius était entré en Grèce donnant des poignées de main aux députés venus à sa rencontre, embrassant les ambassadeurs envoyés audevant de lui ; il embrassa et il caressa jusqu'à ce qu'on lui eût donné des guides pour tourner le défilé d'Antigone, qui était la porte de la Macédoine, et, quand il fut de l'autre côté du défilé, il tira l'épée, et écrasa Philippe à la bataille des Cynoscéphales.

Philippe signa la paix, et, en signant la paix, il abandonna toutes ses prétentions sur la Grèce.

C'étaient ces victoires merveilleuses

que Judas Macchabée avait entendu raconter, et qui l'avaient déterminé à envoyer Eupolemus et Jason au peuple romain, avec le titre et les pouvoirs d'ambassadeurs.

Les deux envoyés partirent donc, arrivèrent à Rome et furent introduits dans le sénat.

Ils s'inclinèrent et dirent :

— Illustres seigneurs, Judas Macchabée et ses frères, et le peuple juif nous ont envoyés pour faire alliance avec vous, et pour que vous nous mettiez au nombre de vos amis.

La harangue était courte : c'était ainsi que Rome les aimait; la proposition fut donc agréée, et voici le rescrit que le sénat fit graver sur des tables d'airain, et que les ambassadeurs rapportèrent à

Jérusalem, afin qu'elles y demeurassent, comme un monument de la paix et de l'alliance que Rome avait faites avec la Judée.

« Que les Romains et le peuple juif soient comblés de biens à jamais sur la terre et sur la mer, et que l'épée de l'ennemi s'écarte d'eux !

» S'il survient une guerre aux Romains ou à leurs alliés pendant toute l'étendue de leur domination, les Juifs les assisteront avec une pleine volonté, selon que le temps le permettra; et il en sera de même des Romains s'il survient une guerre aux Juifs.

» C'est là l'accord que les Romains font avec les Juifs.

» Et, pour ce qui est des maux que le roi Démétrius a faits au peuple juif, le sénat lui a écrit en ces termes :

« — Pourquoi avez-vous accablé d'un
» joug si pesant les Juifs, qui sont nos
» amis et nos alliés? Sachez donc que,
» s'ils reviennent se plaindre à nous de
» nouveau, nous leur ferons toutes sortes
» de justices, et nous vous attaquerons
» par mer et par terre. »

Mais, lorsque les ambassadeurs revinrent en Judée, ils trouvèrent Judas mort et Jérusalem prise.

Démétrius avait envoyé contre eux une seconde armée; cette seconde armée, composée de vingt mille fantassins et de deux mille chevaux, vint camper à Bérée.

Judas marcha au-devant d'elle avec trois mille hommes, et campa à Laïse.

Mais le lendemain, lorsque les deux

armées furent en présence, la plupart
des hommes de Judas Macababée furent
pris d'une grande terreur, et l'abandon-
nèrent.

— Judas resta avec huit cents soldats;
mais, ceux-là, c'étaient les forts.

— Ce furent eux qui attaquèrent.

— Ils attaquèrent l'aile droite, la légion
macédonienne, et l'enfoncèrent ; le reste
des troupes grecques n'osait porter secours à l'aile droite : on croyait n'avoir
affaire qu'à une avant-garde, on attendait le reste de l'armée.

— On s'aperçut, enfin, qu'on n'avait
affaire qu'à Judas et à ses huit cents
hommes. L'armée grecque se referma
sur eux et les enveloppa.

— Ils furent tous tués.

— Rome entendit le bruit de la chute de

ce nouvel allié, sans se douter que c'était un autre Achille qui tombait, un autre Léonidas qui venait de mourir; — elle reprit sa course et continua sa fortune.

Scipion Émilien acheva de lui conquérir tout le littoral de l'Afrique; Pompée, la Syrie et le Pont; Marius, la Numidie; Jules César, les Gaules et l'Angleterre; enfin, elle hérite de la Bithynie de Nicomède; Pergame, d'Attale, et la Libye, d'Appion. Alors, elle est la seule maîtresse, la souveraine absolue de ce grand lac qu'on appelle la Méditerranée, bassin merveilleux, unique, providentiel, creusé pour la civilisation de tous les temps, pour l'utilité de tous les pays; miroir où se sont réfléchies tour à tour Canope, Tyr, Sidon, Carthage, Alexandrie, Athènes, Tarente, Sybaris, Rhegium, Syracuse, Selinonte, Massilia, et où, à son tour, elle se réfléchit, majestueuse, puissante, invincible. Autour de ce lac, et à quelques journées de distance, sont groupées sous sa main les trois seules parties du monde connu : l'Europe, l'Afrique et l'Asie ; grâce à ce lac, elle va à tout et partout : par le Rhône, au cœur de la Gaule ; par l'Eridan, au cœur de l'Italie ; par le Tage, au cœur de l'Espagne ; par le détroit de Cadix, à la grande mer et aux îles Cassitérides ; enfin, par le détroit de Sestos, au Pont-Euxin, c'est-à-dire à la Tartarie ; par la mer Rouge, à l'Inde, au Thibet, à l'océan Pacifique, c'est-à-dire à l'immensité ; par le Nil, à Memphis, à Éléphantine, à l'Éthiopie, au désert, c'est-à-dire à l'inconnu.

Alors, elle s'arrête effrayée d'elle-même, et elle attend.

Qu'attend-elle ?

Lorsque doit naître un libérateur, les peuples en ont le pressentiment ; la terre, cette mère commune à tous, tressaille jusqu'au fond de ses entrailles ; les horizons blanchissent et se dorent comme au lever du soleil ; les hommes cherchent des yeux le point où doit avoir lieu l'apparition.

Rome, comme le reste de l'univers, attendait ce Dieu prédit par Daniel et annoncé par Virgile, ce Dieu à qui elle avait d'avance dressé un autel, sous le nom du Dieu inconnu : *Deo ignoto*.

Seulement, quel sera ce Dieu ? De qui naîtra-t-il ?

La vieille tradition du monde dit que

le genre humain, tombé par la femme, aura un rédempteur né d'une vierge.

Au Thibet, au Japon, le dieu Fo, chargé du salut des nations, choisira son berceau dans le sein d'une jeune et blanche vierge.

En Chine, une vierge fécondée par une fleur mettra au monde un fils qui sera le roi de l'univers.

Dans les forêts de la Bretagne et de la Germanie, où s'est réfugiée leur nationalité expirante, les Druides attendent un sauveur né d'une vierge.

Enfin, les Écritures annoncent qu'un messie s'incarnera dans les flancs d'une vierge, et que cette vierge sera pure comme la rosée de l'aurore.

Car tous les peuples ont pensé qu'il fallait un sein virginal pour faire au

Dieu de l'avenir une demeure digne de lui.

Maintenant, où naîtra ce Dieu?

Peuples, regardez du côté de Jérusalem!

CHAPITRE PREMIER.

L'HOMME A LA CRUCHE D'EAU.

Pour que le lecteur puisse suivre, après dix-huit cents ans, et à travers les détours d'une ville qu'il ne connaît pas, le récit des grands événements dont, à notre tour, nous allons nous faire l'humble historien, il faut qu'il nous permette de lui dire en quelques paroles ce que cette Jérusalem dont nous venons de raconter les vicissitudes était pendant la dix-neuvième année du règne de Tibère, sous le gouvernement de Ponce Pilate, sixième procurateur imposé à la Judée par la domination romaine, Hérode Antipas étant tétrarque de Galilée, et Caïphe étant grand prêtre de l'année.

La muraille de Néhémie l'enveloppait toujours de sa ceinture de pierre : elle offrait un circuit de trente-trois stades, ce qui correspond à une lieue de nos mesures modernes; elle était confirmée par treize tours, et était percée de douze portes ouvertes sur ses quatre faces.

Quatre s'ouvraient sur la face orientale de cette muraille, longeant la vallée de Josaphat, et se dressant devant le mont des Oliviers, dont elle était séparée par le torrent de Cedron.

Ces quatre portes étaient la porte du *Fumier*, la porte de la *Vallée*, la porte *Dorée* et la porte des *Eaux*.

La première donnait sur la fontaine du Dragon, ainsi appelée du dragon de bronze qui la surmontait et qui jetait de l'eau par la gueule.

La seconde s'élevait dans la direction du village de Gethsemani, où se trouvaient un grand nombre de pressoirs à huile, et qui tirait son nom de ces pressoirs.

La troisième et la quatrième conduisaient à un pont jeté sur le Cedron, et au delà duquel le chemin se bifurquait allant, par sa branche droite, à Engaddi et à la mer Morte, et, par sa branche gauche, au Jourdain et à Jéricho.

Deux portes s'ouvraient sur la face

méridionale dominant le torrent de Gihon ; c'étaient la porte des *Jardins du roi*, qui donnait sortie à la citadelle, et la porte du *Grand Prêtre*, qui donnait sortie au palais de Caïphe. La première conduisait à la piscine supérieure et au mont Érogé ; par la seconde, on allait rejoindre le chemin de Bethléem et d'Hebron.

Trois s'ouvraient sur la face occidentale, dominant le gouffre des Cadavres ; c'était la porte des *Poissons*, la porte *Judiciaire* et la porte *Genath*.

En sortant par la première, on trouvait, après cinquante pas à peine, quatre routes : la première, à gauche, qui contournait les murs de la ville, était ce même chemin de Bethléem à Hebron que l'on pouvait rejoindre, avons-nous dit, en sortant par la porte du Grand Prêtre ; la seconde, à gauche encore, était la route de Gaza et d'Égypte ; la troisième, en face, était celle d'Emmaüs ; la quatrième, celle de Joppé et de la mer.

En sortant par la seconde, on trouvait le chemin de Silo et de Gabaon, qui s'avançait au nord-ouest, en laissant, à gauche, le tombeau du pontife Ananie, à droite, le mont Calvaire.

La troisième, qui était une issue du palais des Hérodes, ne s'ouvrait que pour les maîtres et les serviteurs de ce palais ; mais, comme elle n'était fermée que par une grille, on pouvait, à travers les barreaux de cette grille, voir les magnifiques jardins du tétrarque avec leurs allées d'arbres à fruits, leurs carrés de plantes rares et de fleurs embaumées, leurs massifs de pins, de palmiers et de sycomores d'où tombait l'ombre, leurs fontaines jaillissantes d'où ruisselait la fraîcheur, leurs bassins pleins de cygnes, et leurs gazelles bondissantes courant par troupes à travers les arbres, les plantes et les fleurs.

Enfin, trois portes s'ouvraient sur la face septentrionale; c'étaient la porte des *Tours des femmes*, la porte d'*Ephraïm*, et la porte de l'*Angle* ou de *Benjamin*.

La première de ces portes conduisait à des jardins, à des vergers et à une forêt d'arbres à fruits; la seconde, à la route de Samarie et de Galilée; la troisième, enfin, au chemin d'Anathot et de Bethel; — chemin qui, traversant le Cedron pour s'enfoncer au nord-est, laissait, à sa gauche, l'étang des Serpents, et, à sa droite, le mont du Scandale.

Les treize tours se nommaient : la première, la tour des *Fourneaux;* la seconde, la tour *Angulaire;* la troisième, la tour d'*Hananéel;* la quatrième, la *Haute tour;* la cinquième, la tour *Meah;* la sixième, la *Grande tour;* la septième, la tour de *Siloë;* la huitième, la tour de *David,* la neuvième, la tour *Psephine;* et les quatre dernières, enfin, — qui flanquaient les quatre coins de la porte à laquelle elles donnaient leur noms, — les tours des *Femmes.*

Cette enceinte générale, percée de douze portes, surmontée de treize tours, enfermait quatre villes différentes, chacune séparée de la ville voisine par une muraille coupant Jérusalem dans toute sa longueur; muraille elle-même percée de portes de communication donnant d'une ville dans l'autre, et s'étendant de l'occident à l'orient dans une ligne parfaitement droite.

Ces quatre villes, que nous allons prendre selon l'ordre chronologique dans lequel elles furent bâties, étaient :

La VILLE SUPÉRIEURE OU la CITÉ DE DAVID.

Elle renfermait le palais d'Anne et celui de Caïphe, son gendre; le palais des rois de Juda, qui n'était autre que la citadelle, située au haut de la montagne de Sion, et, enfin, le tombeau de David.

La VILLE INFÉRIEURE OU la VILLE DE SION.

Elle renfermait d'abord le temple, qui en occupait à lui seul le quart; puis le palais de Pilate, adossé à la citadelle Antonia, à laquelle il se reliait par le Xistus, espèce de pont du haut duquel les gouverneurs romains haranguaient le peuple; le théâtre, bâti par Hérode le Grand, tout couvert d'inscriptions à la louange d'Auguste, et surmonté d'un aigle d'or; le palais des Macchabées, l'hippodrome, l'amphithéâtre, et, enfin, le mont Acra, sur lequel était bâtie la citadelle d'Antiochus.

La seconde ville.

Elle renfermait, outre les demeures d'une quantité de personnes de distinction, le palais d'Hérode, auquel attenaient ces jardins magnifiques dont nous avons déjà parlé.

Enfin Bezetha ou la nouvelle ville, qui n'offrait rien de remarquable, étant habitée par des marchands de laine, des quincailliers, des chaudronniers et des fripiers.

Voilà Jérusalem telle qu'elle était au moment où commence notre récit, c'est-à-dire le 13 du mois de nizan, jour qui correspond au 29 mars de notre calendrier moderne.

Il était huit heures du soir [1].

La ville, à cause de la solennité de la Pâque, présentait un aspect particulier. Des Juifs de toutes les parties de la Palestine s'étaient rendus à Jérusalem pour célébrer la grande fête de l'immolation de l'agneau. Avec eux étaient accourus

---

[1] Que nos lecteurs nous permettent de compter les heures, non à la manière dont les comptaient et dont les comptent encore aujourd'hui les Romains, mais à la manière usitée parmi nous.

tous ces marchands dont l'industrie nomade suit les multitudes dans leurs déplacements, tous ces baladins qui vivent du superflu des grandes réunions, tous ces bohémiens qui ramassent les miettes des pèlerinages et des caravanes. Un surcroît de plus de cent mille personnes était donc venu augmenter la population de la ville. Les étrangers s'étaient logés, les uns chez des amis qui leur gardaient, chaque année, place au foyer et à la table; les autres dans les auberges et les caravansérails, qu'ils encombraient de leurs domestiques, de leurs mulets et de leurs chameaux. D'autres encore, qui n'avaient pu se loger ni chez des amis ni dans les caravansérails, étaient campés sous des tentes, ceux-ci sur le marché au Bois, dans la seconde ville; ceux-là sur la grande Place et sur la place de la piscine Ancienne, dans la ville inférieure. Ceux, enfin, qui n'avaient trouvé d'abri nulle part, ni chez des amis, ni dans les caravansérails, ni sous les tentes, avaient établi leur domicile ou dans l'hippodrome, ou sous le péristyle du théâtre, ou sur les pentes du mont Acra, ou encore dans un magnifique bois de cyprès qui s'étendait des pressoirs du roi à la tour de Siloë, laquelle, deux ans auparavant, s'était écroulée en partie, et, dans son écroulement, avait écrasé dix-huit personnes et blessé plus ou moins grièvement un grand nombre de pauvres gens du faubourg d'Ophel.

On se ferait difficilement une idée du mouvement, du bruit, des rumeurs qui emplissaient la ville sainte pendant les trois jours que durait la Pâque. Pendant ces trois jours, toutes les ordonnances de la police ordinaire étaient suspendues : le soir, on ne tendait pas les chaînes aux extrémités des rues; la nuit, on ne fermait pas les portes de la ville; chacun allait librement d'une enceinte à l'autre. On sortait de Jérusalem et l'on y rentrait sans répondre aux *qui vive* des sentinelles, qui du reste, de leur côté, s'inquiétaient peu de la consigne, dont elles savaient que le relâchement était une des conditions obligées de cette grande solennité judaïque, la première entre toutes, puisqu'elle éternisait le souvenir de la délivrance du joug égyptien, et célébrait, pour le peuple de Dieu, le passage de l'état de servitude à l'état de liberté.

Il n'y avait donc rien d'étonnant à ce que la sentinelle placée devant la porte des Eaux ne fît point attention à deux hommes enveloppés de grands manteaux bruns, — l'un âgé de trente à trente-cinq ans, l'autre de cinquante-cinq à soixante; — l'un aux beaux yeux bleus et aux beaux cheveux blonds, aux traits fins et élégants, à la barbe à peine indiquée; l'autre aux cheveux gris et crépus, au nez recourbé, à l'œil irascible, presque sombre, à la barbe hérissée; — lesquels, après avoir traversé cette première porte, tournèrent immédiatement à gauche, et franchirent la porte intérieure par laquelle on pénétrait dans la cité de David. La porte franchie, ces deux hommes, qui examinaient avec une attention remarquable, tous ceux qu'ils rencontraient, longèrent le bois de cyprès dont nous avons déjà parlé comme offrant une retraite aux étrangers sans asile, laissèrent à gauche le palais d'Anne, que nous avons dit être le beau-père de Caïphe, — et qui alternait, chaque année, avec celui-ci dans ses fonctions de grand sacerdote; — inclinèrent à droite, toujours inquiets ou observateurs, pour passer entre l'angle de la forteresse et l'édifice appelé le palais des Braves, et, paraissant avoir, enfin, trouvé ce qu'ils cherchaient, s'avancèrent vers un homme qui, après avoir puisé de l'eau dans la piscine de Sion, posait sa cruche sur son épaule.

Cet homme, qui semblait être un domestique chargé des soins inférieurs de la maison, les voyant venir à lui, s'arrêta et attendit.

— Ne fais pas attention à nous, mon ami, dit le plus jeune des deux inconnus, et marche devant : nous te suivrons.

— Mais, dit le serviteur étonné, pour me suivre, faut-il encore que vous sachiez où je vais!

— Nous le savons : tu vas chez ton maître, et nous avons à parler à ton maître de la part du nôtre.

Il y avait une si douce fermeté dans la voix de celui qui parlait, que, sans plus faire d'objection, le serviteur s'inclina et marcha devant, comme il lui était commandé de le faire.

Au bout de cent pas à peu près, on

arriva à une maison d'assez belle apparence, située entre le palais du grand prêtre Caïphe et l'emplacement où, sous sa quadruple tente, l'arche avait été déposée au retour du désert.

Le serviteur ouvrit la porte de la maison, et s'effaça pour laisser passer les deux inconnus.

Ils s'arrêtèrent dans le vestibule, et attendirent que le serviteur eût prévenu son maître de leur arrivée.

Cinq minutes après, le maître vint au-devant d'eux.

Ils se saluèrent à la manière juive.

—Frère, dit le plus jeune des deux hommes, qui semblait chargé par son taciturne compagnon de porter la parole, je m'appelle Jean fils de Zébédée, et celui que tu vois avec moi se nomme

Pierre fils de Jonas. Nous sommes disciples de Jésus le Nazaréen ; vers le milieu du jour, le maître nous a quittés au village de Béthanie, et nous a dit : « Entrez ce soir à Jérusalem par la porte des Eaux, prenez la montée de Sion, marchez toujours droit devant vous, jusqu'à ce que vous ayez rencontré un homme portant une cruche sur son épaule ; alors, suivez cet homme, entrez avec lui dans la maison où il entrera, et dites au maître de cette maison : « Jésus de Nazareth t'adresse ces paroles : *Mon temps est proche ; en quel endroit mangerai-je la pâque, cette année, avec mes disciples ?* et celui à qui vous ferez cette question vous montrera une grande chambre entourée de lits. » — Nous nous sommes mis en route à l'heure dite ; nous sommes

entrés à Jérusalem par la porte désignée;
nous avons pris la montée de Sion;
nous avons trouvé ton serviteur qui puisait de l'eau dans une cruche, et qui
mettait cette cruche sur son épaule;
nous l'avons suivi, et nous te disons,
au nom de celui qui nous envoie, et
d'après lui : « Où Jésus de Nazareth fera-
t-il la pâque cette année? »

Celui auquel le jeune homme s'adressait s'inclina respectueusement, et répondit :

— Vous n'aviez pas besoin de vous
nommer, mes frères, car je vous connais; c'est dans ma maison de Béthanie
que Jésus de Nazareth a fait la dernière
pâque, et a annoncé la mort de Jean
Baptiste. Je me nomme Heli, je suis
beau-frère de Zacharie d'Hébron; et,

ayant été prévenu de l'intention de Jésus de Nazareth, j'ai loué cette maison de Nicodème le Pharisien et de Joseph d'Arimathie. Venez, je vais vous la faire voir, et vous choisirez vous-mêmes l'emplacement qui vous conviendra.

Et, prenant la torche qui éclairait le vestibule, il les précéda dans une cour à l'extrémité de laquelle s'élevait un bâtiment dont les premières assises trahissaient une construction datant de l'époque des vieilles architectures babyloniennes et ninivites.

En effet, cette maison avait été autrefois une espèce de cirque où venaient, pendant la paix, s'exercer à la guerre ces hardis capitaines de David qu'on appelait les forts d'Israël. Les murailles de ce cirque avaient vu passer ces hommes qui appartenaient à une génération disparue, que l'on eût crus de cette race de géants nés des amours des anges avec les filles de la terre, et qui devaient toujours se maintenir au nombre de trente, quels que fussent les vides que l'épée ennemie creusât dans leurs rangs. Contre ces pierres cyclopéennes, vieux ossements arrachés au sein de la terre, s'étaient appuyés, pour reprendre haleine dans leurs jeux, ces hommes que la bataille n'avait jamais fatigués, et qu'on appelait Jesbaam, Éléasar ou Semma; — Jesbaam, fils d'Hachamoni, qui, dans un seul combat, tua huit cents Philistins et en blessa trois cents! Éléasar, fils de Dodi, qui, à Phesdomim, lorsque les Philistins s'y réunirent pour livrer la bataille, se trouvant abandonné de tous les siens, et resté seul, frappa sans reculer d'un pas jusqu'à ce que son bras se lassât de tuer, jusqu'à ce que le sang figé collât sa main à la poignée de son épée , et qui fut si long à se lasser, que les soldats juifs, qui avaient fui à la distance d'une lieue, eurent le temps d'avoir honte, de reprendre courage et de revenir ; si bien que, cette fois encore, la victoire resta à Israël! Enfin, Semma, fils d'Agé, qui, se rendant d'une ville à un autre, tomba dans une embuscade de quatre cents hommes, les tua tous les quatre cents et continua son chemin! Là, avaient lutté, dans ces athlétiques étreintes où les Goliath et les Saph perdaient la vie, — Banias, fils de Joïada, qui, traversant le désert de Moab, descendit, mourant de soif, dans une

citerne où se désaltéraient une lionne et
un lion, et, n'ayant pas la patience d'attendre qu'ils eussent bu, tua le lion d'abord, la lionne ensuite, et but tout à
son aise entre leurs deux cadavres! —
Abisaï, fils de Servia, qui, rencontrant
un Égyptien haut de cinq coudées, armé
d'une lance dont le fer seul pesait trente
livres, et n'ayant, lui, qu'une baguette
pour toute arme, l'attaqua, lui prit sa
lance, et, avec cette lance, le cloua
contre un palmier d'un tel coup, que la
lance, après avoir traversé le corps du
géant, reparaissait de l'autre côté de
l'arbre! Enfin, Jonathan, fils de Sammaa, qui, dans la guerre de Geth, tua
un guerrier de la race d'Asapha qui avait
six coudées de haut, six doigts à chaque
pied, six doigts à chaque main, et qui,

disait-il, ne voulait accepter le combat que contre dix hommes à la fois! C'étaient les trois premiers de ces braves que nous venons de nommer qui, ayant entendu dire à David, couvert de sueur : « Ah! si j'avais un verre d'eau de la citerne qui fait face à la porte de Béthléem! » partirent tous trois, traversèrent le camp des Philistins, et rapportèrent chacun une coupe de cette eau qu'ils avaient tenue d'un bras si ferme, que, quoiqu'ils se fussent battus avec la main droite, et eussent été blessés tous trois, chaque main gauche rapportait sa coupe pleine; si bien que David surpris, et surtout ému d'un pareil dévouement, s'écria : « C'est au péril de leur vie qu'ils m'ont apporté cette eau : je ne boirai pas le sang de mes braves! »

et fit de l'eau une libation au Seigneur.

Hélas! les forts d'Israël étaient couchés dans leurs tombes, et le temps, ce rude lutteur qui fait plier le genou au plus robuste, avait renversé le monument après avoir renversé les hommes: Pendant deux ou trois siècles, les générations avaient passé devant cette ruine qui semblait l'écroulement d'une autre Babel. Enfin, Nicodème et Joseph d'Arimathie avaient acheté, un jour, l'emplacement et les décombres. Des décombres, ils avaient, sur la fondation antique, bâti la maison moderne, qu'ils louaient aux étrangers pour leur servir de cénacle; du reste, avec les mêmes débris, ils avaient encore élevé trois autres maisons; et, des quartiers de rocs trop gros pour entrer dans la construction de ces demeures de pygmées, ils taillaient des sépulcres, sculptaient des colonnes, ciselaient des ornements d'architecture qu'ils vendaient ensuite avec de grands bénéfices.

C'était Nicodème qui, quoique sénateur, s'amusant, dans ses moments de loisir, à faire de la sculpture, avait eu l'idée de ce commerce, qui avait réussi et enrichissait les deux associés.

Depuis le jour où Heli, qui louait cette maison de Nicodème, avait été prévenu que Jésus de Nazareth désirait faire la cène chez lui, il avait mis tous ses serviteurs au nettoyage de cette cour, et ceux-ci, aidés des ouvriers de Nicodème et de Joseph d'Arimathie, avaient, à grande force de bras et de leviers, repoussé contre les murs les pierres qui d'habitude obstruaient le passage; de sorte que l'on avait toute facilité, maintenant, d'arriver au vestibule de la maison.

Heli fit d'abord entrer Pierre et Jean dans ce vestibule; puis il les fit monter au premier étage, et leur ouvrit la porte de la chambre préparée pour la cène.

Cette salle était divisée en trois compartiments par d'immenses rideaux, ce qui lui donnait un point de ressemblance avec le temple, car elle avait, comme lui, le parvis, le saint et le saint des saints. Ces trois divisions étaient éclairées par des lustres suspendus au plafond.

Les murs, peints en blanc ou passés à la chaux, étaient ornés, jusqu'au tiers de leur hauteur, de nattes clouées à la muraille, comme on en voit encore aujourd'hui dans la plupart des maisons arabes assez riches pour faire cette dépense, et, le long de ces nattes, étaient accrochés à des patères de cuivre les vêtements nécessaires à la célébration de la fête.

Dans la salle du milieu était dressée une table couverte d'une nappe d'une éclatante blancheur; sur cette nappe, on avait disposé treize couverts.

Dans les deux autres salles, on voyait, contre la muraille, des matelas et des couvertures roulés ensemble, pour le cas où les convives voudraient passer la nuit dans la maison où ils auraient mangé l'agneau pascal.

Deux autres tables étaient dressées à peu près dans les mêmes conditions que celles-là : une au rez-de-chaussée, une au deuxième étage; mais Heli, ayant préparé celle qu'il venait de faire voir à l'intention du maître nazaréen et des douze disciples qui devaient manger la pâque avec lui, avait conduit les deux envoyés de Jésus directement à celle-là.

Et, en effet, il ne fut pas besoin d'aller plus loin. Pierre et Jean adoptèrent cette chambre du premier étage, qui répondait, d'ailleurs, à la description qu'en avait faite le maître, et, l'ayant retenue, ils commandèrent à Heli d'achever tous les préparatifs de la pâque, et, — tandis que Jean et Pierre iraient chercher, le premier, un calice que Jésus lui avait ordonné de prendre dans une maison située près de la porte Judiciaire, le second, l'agneau pascal au marché aux Bestiaux, — de monter sur la terrasse avec une torche, afin d'indiquer à Jésus que la maison était louée, et que la salle du cénacle n'attendait plus que ses convives.

C'était le signal convenu avec le maître, signal qu'il devait apercevoir facilement de la route de Béthanie, où nous avons dit qu'il attendait, cette route gravissant la montagne des Oliviers, du sommet de laquelle on découvre Jérusalem tout entière.

Pierre et Jean, qui venaient de descendre dans la ville inférieure par l'escalier aux quatorze marches que l'on appelait les degrés de Sion, n'étaient pas encore arrivés à la hauteur du théâtre, qu'ils virent, sur la partie la plus avancée de la terrasse de la maison, la flamme de la torche qui montait vers le ciel.

Le temps était pur et calme. Un faible vent d'est rafraîchissait l'air, où flottaient déjà les tiédeurs du printemps syrien ; à travers de légères vapeurs qui s'étendaient sous un ciel bleu, le soleil, le matin, et la lune, le soir, tamisaient leurs plus doux rayons ; sur les collines d'Engaddi, la vigne, et dans la vallée de Siloë, les figuiers montraient déjà leurs feuilles naissantes ; les oliviers de Gethsemani avaient pris une teinte plus vivante ; le myrte, le caroubier et le térébinthe étalaient l'éclat verdoyant de leurs jeunes rameaux. Au penchant de la montagne de Sion, les amandiers couvraient le sol d'une neige rose au milieu de laquelle se faisaient jour de larges violettes sans parfum comme celles qui croissent à Rhodes et sur les bords de l'Eurotas. Enfin, à défaut de rossignols et de fauvettes, les tourterelles, seuls oiseaux de la ville sainte, commençaient à soupirer doucement dans les cyprès du bois de Sion et sur les sycomores, les pins et les palmiers du jardin d'Hérode.

Rien n'empêchait donc que Jésus ne découvrit, sur la maison du cénacle, cette flamme de la torche, qui, cédant au courant de l'air, s'inclinait de l'est à l'ouest, comme si elle eût voulu indiquer aux hommes que, pareille à cette lumière terrestre, la lumière divine allait s'incliner aussi de l'orient à l'occident.

A la vue de cette flamme, un homme

qui était assis sous un massif de palmiers situé à un quart de lieue de Jérusalem, entre Bethphagé et la pierre des Colombes, au milieu d'un groupe d'hommes et de femmes qui écoutaient sa parole, interrompit son discours, et se leva en disant :

— L'heure est venue... Allons!

CHAPITRE II.

L'ÉVANGILE DE L'ENFANCE.

Cet homme, c'était le jeune maître galiléen, Jésus de Nazareth.

Dans ces jours de peu de foi que nous traversons, que l'on nous permette de parler du Christ comme si personne n'en avait parlé avant nous, de reprendre cette sainte histoire comme si personne ne l'avait écrite. Hélas! si peu de regards l'ont lue, et tant de mémoires l'ont oubliée!

Jésus de Nazareth, à ceux qui ignoraient sa nature divine, apparaissait sous la forme d'un homme de trente à trente-trois ans, d'une taille un peu au-dessus de la moyenne, et amaigri comme le sont toujours ceux-là qui, dévoués à l'humanité, ont longtemps rêvé d'elle, médité sur elle, souffert pour elle.

Il avait le visage long et pâle, les yeux bleus, le nez droit, la bouche un peu grande, mais douce, suave, mélancolique, admirable de forme; ses cheveux blonds, partagés à la mode des Galiléens, c'est-à-dire au milieu de la tête, retombaient en ondulant sur ses épaules; enfin, une barbe légèrement teintée de roux, qui semblait emprunter ses reflets d'or aux rayons du soleil d'Orient, allongeait encore ce visage, dont l'habitude de la contemplation tirait tous les traits vers le ciel.

Il était vêtu — et nul ne l'avait jamais vu sous un autre costume — d'une longue robe rouge tissue sans couture, tombant avec d'admirables plis le long de son corps, et laissant, sous ses manches longues et larges, voir seulement ses mains, qui étaient d'une blancheur et d'une finesse parfaites, — et d'un manteau bleu d'azur qu'il drapait avec une simplicité et une grâce infinies. Il avait pour chaussures des sandales lacées jusqu'au-dessus de la cheville; et, quant à sa tête, qu'il portait toujours nue et élevée, il se contentait de l'abriter sous son manteau bleu aux heures ardentes de la journée.

Puis, de tout cet ensemble, émanait quelque chose d'insaisissable, quelque chose comme un baume et une lumière réunis et fondus ensemble, quelque chose qui éclairait et qui parfumait tout à la fois, révélant la présence momentanée d'un être supérieur au milieu des hommes et sous la forme d'un homme.

C'étaient surtout les enfants et les femmes, dont les organisations délicates et nerveuses ont une plus grande facilité à subir l'influence des effluves magnétiques de certaines organisations privilégiées, — c'étaient, dis-je, surtout les femmes et les enfants qui semblaient, mieux que tous les autres, reconnaître cette divinité cachée sous son enveloppe terrestre. En effet, à peine Jésus paraissait-il, que jusqu'aux plus petits enfants couraient à lui, levant les mains vers lui, et, quand Jésus passait, soit dans les rues de Jérusalem, soit dans celles de Capharnaüm ou de Samarie, soit même au bord du chemin, presque toutes les femmes qu'il rencontrait sur son passage, sans savoir pourquoi, s'inclinaient à sa vue, mystérieusement poussées à fléchir les deux genoux.

Il est vrai que l'on racontait sur le jeune maître galiléen — c'était ainsi qu'on appelait le plus communément Jésus — une foule de légendes, d'histoires et de traditions merveilleuses qui, partout où il portait ses pas, le précédaient, l'accompagnaient, le suivaient comme une légion d'anges, qui, semant des fleurs devant lui, autour de lui et derrière lui, le faisaient apparaître aux yeux des hommes avec un prestige presque divin.

On disait que sa bienheureuse mère, — car, jusqu'à cette époque, la mère de Jésus avait mérité le nom de bienheureuse, — on disait que sa bienheureuse mère était issue de la race royale de David, fils de Jessé ; que Joachim et Anne, son père et sa mère, après avoir vécu près de vingt ans à Nazareth sans avoir d'enfant, avaient fait vœu, s'ils obtenaient enfin ce fruit si désiré de leur union, de le consacrer au service du Seigneur, et qu'alors une fille leur était née, à laquelle ils avaient donné le doux nom de Mariam, c'est-à-dire *étoile de la mer*.

De ce nom de Mariam, nous avons fait *Marie*.

En conséquence, la jeune Marie qui portait en elle les destinées de l'humanité, avait été déposée par ses parents au temple, et y avait été élevée parmi les jeunes filles ses compagnes, lisant les livres sacrés, filant le lin, et tissant des vêtements pour les lévites, jusqu'à l'âge de quatorze ans, âge auquel les pensionnaires du temple étaient rendues à leurs parents. Mais, à quatorze ans, Marie avait refusé de quitter le temple, disant qu'en la vouant au Seigneur, ses parents l'avaient vouée tout entière. Alors, le pontife, embarrassé pour la garder contre les habitudes du temple, avait consulté le Seigneur, et le Seigneur avait répondu que la jeune fille devait recevoir un époux de la main même du grand prêtre, afin que s'accomplit cette prédiction d'Isaïe :

« Il sortira une vierge de la racine de Jessé, et, de cette racine, s'élèvera une fleur au sommet de laquelle, sous la forme d'une colombe, viendra se reposer l'esprit du Seigneur. »

Joseph, vieillard de la maison de David, avait été l'homme élu. Son nom et celui de Marie avaient été gravés sur les tablettes du mariage dans une assemblée solennelle ; après quoi, sans qu'il y eût eu rapprochement entre les époux, lui était parti pour Bethléem, elle pour Nazareth.

Or, à peine la jeune vierge était-elle rentrée dans la maison paternelle, que voici, racontait-on, ce qui lui était arrivé.

Un soir qu'elle s'était agenouillée

devant son prie-Dieu, qu'elle était restée priant à travers le crépuscule jusqu'à ce que fussent venues les ombres de la nuit, et que, tout en priant, ses yeux s'étaient doucement fermés, tandis que sa tête reposait sur ses deux mains jointes, elle sentit tout à coup comme un parfum qui l'enveloppait, et une si grande lumière s'était répandue dans sa chambre, qu'à travers ses paupières closes, elle avait vu cette lumière.

Aussitôt elle releva la tête, regarda autour d'elle, et aperçut un ange du Seigneur qui, le front ceint d'une auréole de flamme, tenant un lys à la main, flottait sur un nuage encore tout doré des reflets du ciel.

C'était ce messager divin qui illuminait et parfumait la cellule de la Vierge.

Une autre que Marie eût eu peur; mais elle avait déjà tant de fois vu des anges dans ses rêves, qu'au lieu de s'effrayer, elle sourit, et, de la pensée, sinon des lèvres, demanda :

— Bel ange du Seigneur, que voulez-vous de moi?

Et, lui, souriant de son côté, et répondant à sa pensée, qu'il avait lue, lui dit :

— Je vous salue, Marie, vierge très-chère au Seigneur, vierge pleine de grâce!... Je suis Gabriel, le messager du Très-Haut, et je viens vous annoncer que le Seigneur est avec vous, et que vous êtes bénie entre toutes les femmes, et par-dessus toutes les femmes !

La jeune fille voulut répondre ; mais la parole lui manqua. Cette communication directe de sa faiblesse avec la force du Seigneur lui causait un certain effroi.

Alors, comprenant sa pensée :

— O vierge! reprit l'ange, ne craignez rien, car, dans cette salutation, je ne cache aucune chose qui soit contraire à votre chasteté; ayant choisi le Seigneur pour seul et unique époux, vous trouverez grâce devant lui, et vous concevrez et enfanterez un fils. Ce fils sera grand, ô vierge! car il dominera depuis la mer jusqu'à la mer, et depuis l'embouchure des fleuves jusqu'aux extrémités du monde; il sera appelé le fils du Très-Haut, quoique né sur la terre, car il aura d'avance son trône élevé dans le ciel, et le Seigneur Dieu lui donnera le siége de David son père. Il régnera à jamais dans la maison de Jacob, et son règne n'aura pas de fin ; il sera le roi des rois, le seigneur des seigneurs, le siècle des siècles !

Alors, la jeune fille rougit sans répondre, car, ce qu'elle pensait, elle n'osait le dire à l'ange, et voici ce qu'elle pensait :

— Comment, vierge que je suis, pourrai-je donc devenir mère ?

L'ange sourit encore, et, continuant de répondre à sa pensée :

— Ne comptez pas, ô Marie bienheureuse ! que vous concevrez à la manière humaine, dit-il ; non, vous concevrez vierge, vous enfanterez vierge, vous nourrirez vierge, car le Saint-Esprit descendra en vous, et le Très-Haut vous couvrira de son ombre : c'est pourquoi l'enfant qui naîtra de vous sera seul saint, parce que seul il aura été conçu et sera né sans péché, ce qui permettra de l'appeler fils de Dieu.

Et, alors, la jeune fille, levant les yeux et étendant les bras vers le ciel, prononça ces seules paroles, par lesquelles elle faisait don d'elle-même au saint mystère :

— Voici la servante du Seigneur, car je ne suis pas digne du nom de maîtresse; qu'il soit donc fait, ô Seigneur! selon votre volonté.

Et l'ange ayant disparu, et la lumière s'étant évanouie, la Vierge était tombée comme endormie dans une extase céleste, et s'était relevée mère.

En même temps, l'ange avait apparu à Joseph, à Bethléem, afin qu'il sût que, quoiqu'elle portât le fils de Dieu dans son sein, son épouse était toujours pure et immaculée.

Or, voici ce que l'on racontait encore.

Vers le neuvième mois de grossesse de Marie, l'an 369 de l'ère d'Alexandre, un édit de l'empereur César Auguste avait été publié, ordonnant un recensement général dans son empire, et invitant chaque homme à aller se faire inscrire dans sa ville natale avec sa femme et ses enfants.

Il en résulta que Joseph se trouva forcé de quitter Nazareth, où, après l'apparition de l'ange, il était venu rejoindre sa femme, et, conduisant celle-ci, partit pour Bethléem ; mais, sur la route de la ville, Marie avait été prise des douleurs de l'enfantement; de sorte qu'elle était entrée dans une grotte qui servait de crèche, tandis que Joseph était allé chercher du secours à Jérusalem.

Une fois dans la grotte, la Vierge chercha un appui. Un palmier desséché dont le tronc perçait la voûte, et enfonçait ses racines dans la terre, formait une espèce de pilier; elle s'assit contre cette tige.

Pendant ce temps-là, Joseph allait cherchant quelque femme qui pût assister Marie.

Tout à coup, il s'arrêta comme si ses pieds eussent été cloués à la terre : — un singulier phénomène s'opérait dans la nature.

Son premier mouvement avait été de lever les yeux au ciel; le ciel était obsourci, et les oiseaux qui traversaient l'air étaient arrêtés dans leur vol.

Alors, il abaissa les yeux vers la terre, et regarda autour de lui.

A sa droite, tout près de l'endroit où il se trouvait, des ouvriers étaient assis, prenant leur repas; mais, chose étrange! celui qui étendait la main vers le plat restait la main étendue; celui qui était en train de manger ne mangeait plus; celui qui portait quelque chose à sa bouche demeurait la bouche ouverte, et tous tenaient leurs regards levés vers le ciel.

A sa gauche, un troupeau de brebis allait paissant, mais le troupeau tout entier était arrêté, et les brebis ne paissaient plus; et le berger, qui venait de lever son bâton pour frapper leur immobilité, restait lui-même immobile et le bâton levé.

Devant lui coulait un ruisseau auquel allaient se désaltérer des chèvres et un bouc : le ruisseau était arrêté dans son cours, et le bouc et les chèvres étaient près de toucher l'eau et de boire; mais ils ne touchaient pas l'eau, mais ils ne buvaient pas.

Et la lune elle-même était arrêtée dans sa marche; et la terre elle-même ne tournait plus.

C'est que, juste en ce moment, Marie mettait au monde le Sauveur, et que la création tout entière haletait dans l'attente de ce grand événement!

Puis il se fit comme un grand soupir de joie par toute la nature, et le monde respira.

Le Sauveur était né !

Au même instant, une femme descendit de la montagne, et, marchant droit à Joseph :

— N'est-ce pas moi que tu cherches? dit-elle.

— Je cherche, répondit Joseph, quelqu'un qui puisse aider ma femme Marie, qui est, à cette heure, dans les angoisses de l'enfantement.

— Alors, dit l'inconnue, conduis-moi vers elle : je me nomme Gelome, et suis sage-femme.

Tous deux prirent aussitôt le chemin de la grotte.

La grotte était lumineuse et parfumée, et au milieu de cette lumière qui n'avait pas de foyer, ils virent Marie et le nouveau-né, tous deux resplendissants. L'enfant tétait le sein de la mère.

Le palmier desséché avait reverdi, des rejetons frais et vigoureux s'élançaient de sa tige, tandis que d'immenses palmes qui avaient poussé en quelques minutes ombrageaient son sommet.

Joseph et la vieille femme demeurèrent tout étonnés sur le seuil de la grotte.

Alors, la vieille demanda à Marie :

— Femme, es-tu la mère de cet enfant ?

— Oui, répondit Marie.

— Alors, tu n'es pas semblable aux autres filles d'Ève, dit la vieille.

— De même, reprit Marie, qu'il n'y a, parmi les enfants, aucun enfant qui soit semblable à mon fils, de même sa mère est sans pareille entre les femmes.

— Mais ce palmier qui était desséché

et qui avait reverdi? demanda encore la vieille.

— Au moment de l'enfantement, dit Marie, je l'ai pris et serré entre mes bras.

Alors, Joseph dit à son tour :

— Votre enfant, ô Marie! est bien le messie promis par les Écritures, et il s'appellera Jésus, c'est-à-dire *sauveur*.

Et, si Joseph eût douté encore, une demi-heure après il n'eût plus eu de doute, car trois bergers se présentèrent à la porte de la grotte, et comme Joseph leur demandait :

— Bergers, quelle cause vous amène?

Un des bergers répondit :

— Nous nous nommons Misraël, Stephane et Cyriaque; nous gardions nos troupeaux sur la montagne, lorsqu'un ange du ciel est descendu d'une étoile, et nous a dit : « Aujourd'hui, dans la ville de David, il vous est né un Sauveur ! Voici le signe auquel vous le reconnaîtrez : vous trouverez un enfant emmailloté et couché dans une crèche. Allez donc, et adorez. — De quel côté faut-il que nous allions ? » lui avons-nous alors demandé tout tremblants. « Suivez cette étoile, dit l'ange ; elle vous conduira. » L'étoile se mit à marcher, et nous l'avons suivie en cueillant des fleurs tout le long de la route... Maintenant, nous voici. Où est le Sauveur, que nous l'adorions ?

Et la Vierge leur avait montré le petit Jésus couché dans une crèche, et ils avaient répandu leurs fleurs tout autour de lui, et ils l'avaient adoré.

Une heure après, trois rois se présentèrent, à leur tour, à la porte de la grotte, avec une grande suite de serviteurs chargés de présents, et des chameaux et des mulets portant des étoffes précieuses, du baume et de la myrrhe.

Joseph leur demanda, alors, ce qu'ils désiraient :

— Nous sommes trois rois mages d'Orient, répondirent-ils; nous nous nommons Gaspard, Melchior et Balthasar. Une étoile nous est apparue, voilà plus d'un mois, et une voix nous a dit : « Suivez cette étoile; c'est celle qui doit vous conduire au berceau du Sauveur annoncé par Zoroastre. » Alors, nous sommes partis, et, en passant par Jérusalem, nous avons visité le roi Hérode le Grand, et nous lui avons dit :

« Nous arrivons de l'Orient pour adorer le roi de Juifs, qui vient de naître : où est-il ? — Je n'en sais rien, » a répondu le roi Hérode; « mais vous n'avez donc pas de guide? — Si fait! » Et nous lui avons montré l'étoile. « Eh bien! suivez l'étoile, a-t-il dit, et ne manquez pas de repasser par Jérusalem, et de m'apprendre où est ce roi des Juifs, afin que je l'adore à mon tour. » Maintenant, nous voici. Où est le Sauveur, que nous l'adorions?

Alors, la Vierge prit l'enfant Jésus, et le leur montra. Aussitôt les trois mages s'agenouillèrent devant lui, et lui baisèrent les mains et les pieds, en l'adorant comme avaient fait les bergers; puis, comme les bergers avaient entouré l'enfant Jésus de fleurs des champs, eux l'entourèrent de vases d'or et d'argent, d'encensoirs, de trépieds et de calices.

Et les bergers regardaient tristement cette adoration, et disaient entre eux :

— Voilà ces rois mages qui apportent de riches présents, et qui vont nous faire oublier, nous autres, pauvres bergers, qui n'avons apporté que des fleurs !

Mais, au même instant, et comme s'il eût deviné leur pensée, l'enfant Jésus repoussa du pied un bassin magnifique, et, ramassant une petite pâquerette des champs, il la baisa.

C'est depuis ce temps que les pâquerettes des champs, qui autrefois étaient toutes blanches, ont le bout des feuilles rose et l'étamine dorée.

Et les bergers, heureux de ce que

l'enfant Jésus avait préféré une fleur des champs aux vases d'or et d'argent, aux trépieds, aux calices et aux encensoirs, s'en retournèrent sur leurs montagnes en chantant les louanges du Seigneur.

Et les mages, joyeux et fiers d'avoir baisé les mains et les pieds du Sauveur du monde, s'en retournèrent aussi, mais non point à Jérusalem, comme Hérode le leur avait recommandé, car l'étoile qui les conduisait prit un autre chemin.

Et, voyant cela, la vieille femme s'écria à son tour :

— Je vous rends grâce, ô mon Dieu ! Dieu d'Israël ! parce que mes yeux ont vu la nativité du Sauveur du monde !

Et l'on racontait encore ceci :

Que Hérode le Grand, ne voyant pas

revenir les mages, envoya chercher les docteurs et les prêtres, et leur dit :

— Vos Écritures annoncent qu'il doit vous naître un Sauveur : où ce Sauveur naîtra-t-il ?

Les prêtres et les docteurs répondirent d'une seule voix :

— Dans la ville de Bethléem en Judée; c'est pour cela qu'elle fut appelée, par Abraham, Bethléem, c'est-à-dire la *maison de nourriture;* c'est pour cela que, du nom de la femme de Caleb, elle fut appelée *Ephrata,* c'est-à-dire *fructueuse;* c'est pour cela, enfin, qu'elle a encore, outre Bethléem et Ephrata, été nommée la *Cité de David.*

Sur ces entrefaites, Hérode apprit que l'enfant Jésus avait été présenté au temple, et que le grand prêtre Siméon, qui comptait près de cent ans, ayant vu qu'il resplendissait de lumière dans les bras de la Vierge, et que les anges formaient un cercle autour de lui, l'avait reconnu, l'avait glorifié et avait dit :

— O mon Dieu ! je puis mourir maintenant que cette parole du psalmiste est accomplie. « Je le remplirai de jours ; je lui montrerai le Seigneur que j'ai envoyé, et, l'ayant vu, il mourra en le glorifiant. »

Et, en effet, en citant ce verset du psalmiste, Siméon était tombé à la renverse, et était mort.

Dès lors, Hérode n'eut plus de doute que cet enfant ne fût véritablement le Messie ; et comme, vendu à la cause des Romains, il craignait que ce Sauveur ne devînt un autre Judas Macchabée qui sauverait la liberté d'Israël par la guerre, il commença de méditer dans son esprit le massacre des innocents.

Ce que voyant le Seigneur, il envoya à Joseph un ange qui le visita pendant son sommeil, et qui lui dit :

— Prends l'enfant et sa mère, et, sans perdre un instant, réfugie-toi en Égypte.

Si bien qu'au chant du coq, Joseph se leva, et, ayant éveillé la Vierge et l'enfant Jésus, il se mit en route avec eux.

Le lendemain de ce départ, Hérode fit massacrer tous les enfants au-dessous de deux ans.

C'est alors, comme l'avait prédit Jérémie, qu'une grande voix fut entendue dans Rama, poussant des cris et des lamentations : c'était celle de Rachel pleurant ses fils; « et elle ne voulut pas être consolée, parce qu'ils n'étaient plus ! »

Et, comme les meurtriers couraient partout, le glaive à la main, pour tuer les petits enfants, on raconte que deux soldats s'avancèrent, menaçants, vers la Vierge et vers Joseph, qui se prirent à trembler de tout leur corps; mais, comme ils étaient appuyés à un énorme sycomore, quand les meurtriers ne furent plus qu'à cinquante pas d'eux, le sycomore s'ouvrit et, se refermant sur la sainte famille, la déroba à tous les yeux.

Puis, quand les soldats, las d'une recherche inutile, se furent éloignés, le sycomore se rouvrit, et la sainte famille continua sa route.

Seulement, depuis ce temps, le sycomore était resté ouvert.

On arriva dans une grande ville, et l'on fit halte au seuil d'une hôtellerie située près du temple d'une idole; mais à peine la sainte famille était-elle établie dans une petite chambre de cette hôtellerie, que l'on entendit une grande rumeur : les habitants de la ville couraient éperdus et les bras levés par les rues, poussant des cris de terreur et de désespoir.

Au moment même où Jésus avait passé sous la porte de la ville pour y faire son entrée, l'idole était tombée de sa base, et s'était brisée en mille morceaux; et il en était arrivé de même de toutes les idoles de la ville.

Ainsi s'était justifiée la parole d'Isaïe :

« Le Seigneur entrera en Égypte, et les idoles seront ébranlées devant sa face. »

Mais, entendant ces cris, voyant ces terreurs, Joseph craignit pour Marie et pour l'enfant Jésus; il descendit avec eux, sella l'âne, et partit par une porte de derrière, sans avoir le temps de prendre aucune provision pour la journée.

De sorte que, midi étant arrivé, et la vierge Marie ayant grande faim et grande soif, on fut forcé de s'asseoir sous un sycomore. En face de ce sycomore était un groupe de dattiers tout chargés de fruits, et Marie disait :

— Oh! que je mangerais volontiers de ces dattes! N'y aurait-il donc pas moyen d'en avoir?

Joseph secoua tristement la tête, et répondit :

— Ne voyez-vous pas que non-seulement elles sont hors de la portée de ma main, mais encore que je ne pourrais pas jeter mon bâton jusqu'à elles?

Et, alors, l'enfant Jésus dit :

— Palmier, incline-toi, et apporte tes fruits à ma douce mère.

Le palmier s'inclina, et la Vierge put y cueillir des fruits tant qu'elle voulut; après quoi, le palmier se redressa, couvert de plus de fruits qu'il n'en avait auparavant.

Et, tandis que la Vierge cueillait les dattes, le petit enfant Jésus, qu'elle avait déposé à terre, avait fait, avec son doigt, entre les racines du sycomore, un trou dans le sable, de sorte que, lorsque, après avoir mangé, la Vierge dit : « J'ai soif! » elle n'eut qu'à se baisser; car, du trou qu'avait fait avec son doigt le petit Jésus, venait de jaillir une source d'eau pure.

Au moment où ils se remirent en route, Jésus se retourna vers le palmier.

— Palmier, je te remercie, et, en témoignage de remerciment, j'ordonne qu'une de tes branches soit transportée par mes anges, et soit plantée dans le paradis de mon père, et je t'accorde, en signe de bénédiction, qu'il sera dit à tous ceux qui auront triomphé pour la foi. « Vous avez atteint la palme de la victoire! »

Et, au même instant, un ange parut, prit une palme, et remonta avec elle au plus haut des cieux.

Le soir, Joseph, la Vierge et l'enfant Jésus arrivèrent à une partie du désert qui était infestée de voleurs. Tout à coup ils en aperçurent deux placés en sentinelle, et, non loin de là, leurs camarades endormis ; — ces deux voleurs se nommaient Dimas et Gestas.

Le premier dit, alors, au second, qui s'apprêtait à arrêter les trois fugitifs :

— Laisse, je te prie, passer ces voyageurs sans leur rien dire ni leur rien faire, et je te donnerai quarante drachmes que j'ai sur moi ; et tu auras ma ceinture pour gage que je t'en donnerai quarante autres à la première occasion.

Et, en même temps, il présentait les quarante drachmes à son compagnon, et le priait de ne pas donner l'éveil à leurs camarades.

« Alors, Marie, voyant ce voleur si bien disposé à leur rendre service, lui dit :

— Que Dieu te soutienne de sa main droite, et qu'il t'accorde la rémission de tes péchés!

Et le petit enfant dit à Marie :

— O ma mère! souvenez-vous de ce que je vous dis en ce moment : dans trente ans, les Juifs me crucifieront, et ces deux voleurs seront mis en croix à mes côtés : Dimas à ma droite, et Gestas à ma gauche ; et, ce jour-là, Dimas, le bon larron, me précédera dans le paradis.

Et sa mère lui répondit :

— Que Dieu détourne de toi de semblables choses, ô mon cher enfant!

Car, quoique Marie ne comprît pas

bien ce que Jésus voulait dire, son cœur de mère s'était empli d'une profonde terreur à cette prédiction.

Le mauvais larron prit les quarante drachmes et la ceinture de son compagnon, et laissa passer les fugitifs.

Le lendemain, à l'embranchement de deux routes, ils rencontrèrent un grand lion. Joseph et Marie eurent peur, et l'âne refusa d'avancer.

Alors, Jésus s'adressant à l'animal féroce :

— Grand lion, lui dit-il, je sais ce que tu fais là : tu songes à dévorer un taureau; mais ce taureau est à un pauvre homme qui n'a que lui pour tout bien. Va plutôt à tel endroit, et tu y trouveras un chameau qui vient de mourir.

Et le lion obéit, alla à l'endroit désigné, y trouva le cadavre du chameau, et le dévora.

Et, comme ils continuaient de cheminer ainsi, et que Joseph, qui marchait à pied, souffrant de la chaleur, disait :

— Seigneur Jésus, s'il te plaît, nous prendrons la route de la mer, afin de pouvoir nous reposer dans les villes qui sont sur la côte.

Jésus répondit :

— Ne crains rien, Joseph, je vais abréger le chemin ; de sorte que nous achèverons en quelques heures ce qu'on n'accomplit ordinairement qu'en trente jours !

Et l'enfant n'avait pas fini de parler, qu'ils aperçurent les montagnes et les villes d'Égypte.

On racontait bien d'autres choses encore sur le séjour de l'enfant Jésus à Memphis, où il demeura trois ans, et, entre autres, que la Vierge avait l'habitude de laver son fils dans une fontaine, et que, par suite, l'eau de cette fontaine avait conservé la vertu de guérir les lépreux qui s'y lavaient à leur tour.

Et cette fontaine avait une telle réputation, qu'un jour, un homme du pays qui avait planté tout un jardin d'arbres sur lesquels on recueille le baume, voyant que ces arbres étaient stériles, et s'obstinaient à ne rien produire, se dit tout désespéré :

— Voyons si, en les arrosant de cette eau où s'est baigné *Isa ibn Mariam*, mes arbres rapporteront?

Et il les arrosa de cette eau, et, la

même année, les arbres fournirent une récolte de baume triple de la récolte ordinaire.

Au bout de trois ans de séjour à Memphis, l'ange apparut de nouveau à Joseph, et lui dit :

— Maintenant, tu peux retourner en Judée, car Hérode est mort, et il faut que la parole d'Isaïe s'accomplisse :

« J'ai fait venir mon fils d'Égypte. »

Alors, Joseph quitta Memphis, rentra en Judée, et s'établit à Nazareth, afin que cette autre parole du même prophète s'accomplît encore :

« Il sera appelé le Nazaréen. »

Une fois revenu à Nazareth, le divin enfant, — disait-on toujours, — avait fait encore nombre de nouveaux miracles.

Ainsi, l'on racontait qu'un jour de sabbat, Jésus jouait avec d'autres enfants près d'un ruisseau dont il détournait l'eau pour en former de petites piscines, et que, sur le bord de la sienne, Jésus avait fait douze petits oiseaux en terre glaise qui avaient l'air de boire. Alors, un Juif passa et lui dit :

— Comment peux-tu profaner ainsi le jour du sabbat en faisant œuvre de tes doigts?

Alors, l'enfant Jésus répondit :

— Je ne travaille pas, je crée!

Et, ayant étendu les mains :

— Oiseaux, dit-il, volez et chantez!

Aussitôt les oiseaux s'envolèrent tous en gazouillant; et ceux qui entendent le langage des oiseaux assurent que leur chant n'est rien autre chose qu'une louange au Seigneur.

Un autre jour, Jésus et plusieurs enfants jouaient sur la terrasse d'une maison, et comme en jouant, ils se poussaient les uns les autres, il arriva que l'un des enfants tomba du haut du toit, et se tua. Alors, tous les enfants s'enfuirent, à l'exception de Jésus, qui resta près du mort.

En ce moment, les parents de celui-ci accoururent, et, saisissant Jésus, ils s'écrièrent :

— C'est toi qui as précipité notre enfant en bas du toit!

Et, comme Jésus niait, ils crièrent plus fort, demandant vengeance :

— Notre enfant est mort, et voici celui qui l'a tué!

Alors, Jésus dit :

Je comprends votre douleur, mais que cette douleur ne vous aveugle pas au point de m'accuser d'un crime que je n'ai pas commis, et dont vous n'avez aucune preuve; bien plutôt demandons à cet enfant qu'il produise, lui, la vérité au grand jour.

—Mais puisqu'il est mort! dirent les parents avec désespoir.

— Il est mort pour vous, c'est vrai, reprit Jésus; mais il n'est mort ni pour moi, ni pour mon père qui est aux cieux.

Et, se plaçant près de la tête de l'enfant :

— Zénin, Zénin, demanda-t-il, qui est-ce qui t'a précipité du haut du toit?

Et le mort se soulevant sur son coude, répondit :

—Seigneur, ce n'est pas toi qui es la cause de ma chute, c'est un autre de nos compagnons qui m'a précipité du haut du toit.

Et, ces paroles prononcées, l'enfant retomba mort.

Alors, tous ceux qui étaient présents reconduisirent Jésus jusqu'à la maison de Joseph, louant et glorifiant le divin enfant.

Un autre jour encore, Jésus, jouant et courant avec les autres enfants, passa devant la boutique d'un teinturier nommé Salem. Il y avait dans cette boutique un grand nombre d'étoffes appartenant à divers habitants de la ville, et que Salem se préparait à teindre en différentes couleurs. Jésus, étant entré dans la boutique du teinturier, prit toutes les étoffes, et les jeta dans une seule et unique chaudière ; alors, Salem, se retournant, crut toutes ses étoffes perdues, et, se mettant à réprimander Jésus :

— Qu'as-tu fait, ô fils de Marie ? s'écria-t-il ; tu as fait tort à moi et à mes concitoyens : chacun voulait une couleur différente, et, toi, tu as jeté les étoffes dans une cuve qui va les teindre toutes de la même couleur !

Mais Jésus répondit :

— Demande pour chaque étoffe la couleur qui te conviendra.

Et il se mit à retirer les étoffes de la chaudière, et chacune était teinte de la couleur que désirait Salem.

Une autre fois, le roi Hérode Antipas avait fait appeler Joseph, et lui avait commandé la charpente d'un trône qui devait être placé dans une espèce d'alcôve, et remplir exactement cette alcôve; Joseph prit ses mesures, et s'en vint chez lui travailler à sa charpente.

Mais probablement les mesures étaient inexactes, car, lorsque, au bout de deux ans, son ouvrage fut terminé, il se trouva que la charpente du trône était trop courte de plus d'une demi-coudée; ce que voyant le roi, il se mit fort en colère contre Joseph, et le menaça; si bien que celui-ci rentra tout effrayé dans son atelier, et, refusant de manger, était tout près de se coucher à jeun. Mais Jésus, voyant cette grande tristesse, lui demanda :

Qu'as-tu, père?

— J'ai, répondit Joseph, que j'ai mal pris mes mesures, que l'ouvrage auquel j'ai travaillé deux ans est gâté; et, ce qui est bien pis, j'ai que le roi Hérode est fort en colère contre moi!

Mais Jésus, souriant, lui répondit :

Reviens de ta frayeur, et ne perds pas courage... Prends le trône d'un côté, je le prendrai de l'autre, et nous tirerons chacun à nous jusqu'à ce qu'il ait la mesure voulue.

Et ils prirent le trône et le tirèrent.

Alors Jésus dit à Joseph :

— Reporte, maintenant, cette charpente au palais.

Joseph obéit.

Et la charpente du trône se trouva, cette fois, juste de la grandeur de l'alcôve.

Et le roi demanda à Joseph :

— Comment ce miracle s'est-il opéré?

— Je n'en sais rien, répondit Joseph;

mais j'ai à la maison un enfant qui est une bénédiction pour moi et pour le monde !

Un autre jour, — c'était pendant le mois d'adar, le douzième de l'année hébraïque, qui correspond partie au mois de février, partie au mois de mars, — Jésus rassembla plusieurs enfants, lesquels, l'ayant élu roi comme d'habitude, lui firent de leurs vêtements un trône sur lequel il s'assit, rendant la justice à l'instar du roi Salomon ; et, quand quelqu'un passait par là, les enfants l'arrêtaient de force, et lui disaient :

— Adore Jésus de Nazareth, roi des Juifs !

Sur ces entrefaites, arrivèrent des gens qui portaient un jeune homme de vingt-trois à vingt-quatre ans, évanoui sur une civière. Ce jeune homme avait été dans la montagne avec ses compagnons, pour y ramasser du bois à brûler, et, ayant trouvé un nid de perdrix, il y avait mis la main, voulant en retirer les œufs ; mais une vipère cachée dans ce nid l'avait mordu. Aussitôt le jeune homme avait appelé ses compagnons à son aide ; mais, lorsque ceux-ci étaient arrivés, le jeune homme mordu était déjà étendu à terre et comme mort. On l'emportait donc vers la ville, afin de voir s'il n'y aurait pas quelque secours à lui donner ; et quand ceux qui le soutenaient dans leurs bras approchèrent de l'endroit où trônait Jésus, les enfants coururent au-devant d'eux, comme ils faisaient pour les autres passants, et leur dirent :

— Venez, et saluez Jésus de Nazareth, roi des Juifs!

Mais, comme les compagnons du blessé ne voulaient pas, à cause du chagrin qu'ils éprouvaient, se prêter à ce jeu, les enfants les amenèrent de force devant Jésus, qui leur demanda quelle sorte de mal avait ce jeune homme qu'ils portaient.

Et ils répondirent.

— Fils de Marie, un serpent l'a mordu.

— Allons ensemble, dit Jésus aux compagnons du jeune homme, et tuons le serpent!

Et, comme ceux-ci se refusaient à obéir, craignant de perdre un temps précieux, les enfants leur dirent :

— N'avez-vous point entendu l'ordre

du Seigneur Jésus?... Allons, et tuons le serpent !

Sur quoi, malgré l'opposition de ceux qui portaient la civière, ils leur firent rebrousser chemin, et, lorsqu'ils furent arrivés près du nid, Jésus dit aux amis du blessé :

— N'est-ce point là que se cache la vipère?

Et, eux ayant répondu oui, Jésus appela la vipère, qui parut aussitôt, au grand étonnement de tout le monde; mais l'étonnement fut bien plus grand encore quand Jésus, s'adressant de nouveau au reptile, lui dit :

— Serpent, va! et suce tout le poison que tu as répandu dans les veines de ce jeune homme !

Aussitôt la vipère s'approcha en rampant du moribond, et, appliquant ses lèvres à la plaie, reprit tout le poison qu'elle y avait versé; et, le Seigneur l'ayant maudite, la vipère se tordit et mourut. Et Jésus ayant touché le jeune homme de sa main, le jeune homme fut guéri.

Alors, Jésus lui dit :

— Tu es fils de Jonas; tu t'appelles Simon, tu t'appelleras Pierre : tu seras mon disciple, et tu me renieras.

Un autre jour, enfin, un enfant qui était agité du démon s'étant mêlé aux autres enfants qui jouaient d'habitude avec Jésus, et s'étant approché de ce dernier, et s'étant assis à sa droite, Satan commença de le posséder comme à l'ordinaire. Il cherchait donc à mordre Jésus, et, ne pouvant l'atteindre, il lui donna, dans le côté droit, un violent coup de poing, si violent, que Jésus se mit à pleurer, et, tout en pleurant, dit :

— Démon qui agites cet enfant, je t'ordonne de le quitter et de rentrer dans l'enfer !

Et, en même temps, tous les enfants virent un gros chien noir qui s'enfuyait jetant de la fumée par la gueule, et qui, au bout de quelques pas, disparut abîmé dans les entrailles de la terre. Alors, l'enfant délivré remercia Jésus, qui lui dit :

— Tu seras mon disciple, et tu me trahiras ! et au même endroit où tu m'as frappé du poing, les Juifs me frapperont de la lance, et, par la blessure qu'ils me feront, sortira le reste de mon sang et le reste de ma vie.

Et cela, disait-on, avait duré ainsi jusqu'à ce que Jésus eût atteint l'âge de douze ans, âge auquel il était parvenu à une si grande sagesse, que ses parents, ayant fait un voyage à Jérusalem, et Jésus ayant disparu, Marie et Joseph le cherchèrent pendant trois jours, et, au bout de trois jours seulement, le retrouvèrent dans le temple, faisant l'étonnement des prêtres et des docteurs, auxquels il expliquait les passages obscurs des livres saints, que les plus savants n'avaient jamais pu comprendre, et que lui, Jésus, comprenait tout naturellement, étant la vivante explication de ces passages.

Alors, les prêtres et les docteurs, voyant que Marie réclamait l'enfant, lui demandèrent :

— Cet enfant est-il donc à vous?

Et Marie ayant répondu que oui :

— Bienheureuse, s'écrièrent-ils, la mère qui a enfanté un tel fils!

Mais Joseph et Marie, presque effrayés de ce qu'ils voyaient faire chaque jour à leur enfant, le ramenèrent à Nazareth, où, leur obéissant en toutes choses, il continua de croître en sagesse et en grâce devant Dieu et devant les hommes.

Or, voilà quelques-unes des légendes que l'on racontait sur l'enfance de Jésus de Nazareth, et qui l'entouraient, comme nous l'avons dit, d'une mystérieuse vénération.

CHAPITRE III.

LA TENTATION AU DÉSERT.

Dix-huit ans s'écoulèrent sans que l'on entendît parler du divin enfant, à qui les légendes populaires attribuaient non-seulement les miracles que nous venons de raconter, mais encore bien d'autres miracles que nous laissons dormir dans l'évangile de l'enfance comme dans un berceau tout parfumé de fraîcheur et de poésie.

Pendant cet intervalle, César Auguste était mort, après avoir donné un temps de repos au monde, qui, fatigué de conquêtes, de révolutions et de secousses de tout genre, semblait avoir besoin de repos pour se préparer à ses nouveaux destins.

Tibère était monté sur le trône, arrivant de Rhodes, comme Auguste y était monté arrivant d'Apollonie; puis, pendant la douzième année de son règne, effrayé par un présage : — son serpent favori, qui ne le quittait jamais, qu'il portait dans le devant de sa toge, ou enroulé autour de son cou, avait été dévoré par les fourmis; — effrayé, disons-nous, de ce présage, qui lui indiquait, suivant l'explication de son astrologue Thrasylle, que lui-même devait être dévoré par la multitude, il s'était retiré dans son île de Caprée, pour ne plus revenir à Rome.

Il y avait juste en ce temps, sur les bords du Jourdain, la limite du désert, où il avait passé toute sa jeunesse, un homme de trente ans. On le nommait Jean, c'est-à-dire *plein de grâce ;* il était fils de Zacharie et d'Élisabeth, cousine de la vierge Marie.

Sa naissance, à lui, avait aussi été un miracle : sa mère, déjà avancée en âge, avait perdu tout espoir de voir cesser la stérilité qui l'affligeait et la rendait un objet d'opprobre parmi les femmes juives, lorsqu'un ange lui apparut comme à la vierge Marie, et lui annonça qu'elle était mère, et que son fils s'appellerait Jean ; qu'il serait le précurseur du Messie, et qu'elle reconnaîtrait la présence de ce Messie au premier tressaillement de l'enfant dans son sein.

Or, vers le quatrième mois de la grossesse d'Élisabeth, la vierge Marie, qui, elle-même, depuis quelque temps, avait conçu, étant venue voir sa cousine, frappa à la porte de sa maison. Élisabeth, qui était seule, alla ouvrir, et, se trouvant en face de la Vierge, elle jeta un cri de joie, disant :

— D'où me vient cette grâce, que la mère de mon Sauveur se transporte vers moi ?

Et, comme Marie lui demandait l'explication de ces paroles :

— Oui, dit-elle, car ce qui est en moi s'est élancé, et t'a bénie !

Et, alors, elle lui expliqua tout.

Quand Hérode avait ordonné le massacre des innocents, Élisabeth avait fui, comme toutes les mères, emportant son enfant dans ses bras; mais toutes les mères n'étaient pas prédestinées comme elle. — Poursuivie par des soldats, elle se trouva tout à coup au pied d'un roc infranchissable. Alors, elle tomba à genoux, et, levant son fils au ciel :

— Seigneur! s'écria-t-elle, ce que vous m'avez dit n'était donc pas vrai, que je portais dans mon sein le précurseur du Messie?

Et aussitôt le rocher s'était ouvert; Élisabeth y était entrée, et le rocher s'était refermé derrière elle, ne gardant aucune trace de son passage; de sorte que les soldats qui la poursuivaient pensèrent avoir eu une vision.

Cet homme qui prêchait et baptisait au bord du Jourdain, qui avait passé sa jeunesse dans le désert, vivant de miel sauvage et de sauterelles, et qui portait pour tout vêtement un sayon de poil de chameau serré autour de ses reins par une ceinture de cuir, était le Précurseur.

On l'appelait Jean *Baptiste* à cause du *baptême* qu'il imposait à tous ceux qui venaient à lui, demandant l'absolution de l'ancienne vie, et des conseils pour la vie nouvelle.

La vie nouvelle que prêchait Jean Baptiste, c'était l'aumône et le dévouement.

Il disait au peuple :

— Donnez une robe, quand vous en aurez deux, à celui qui n'en possède pas, et partagez votre pain avec celui qui a faim.

Il disait aux hommes de guerre :

— N'usez de violence ni de perfidie envers qui que ce soit, et contentez-vous de votre solde.

Il disait à cette nuée de préposés aux impôts que la domination romaine répandait sur le pays :

— N'exigez rien au delà des taxes que vous êtes chargés de percevoir.

Il disait aux pharisiens et aux saducéens :

— Race de vipères! vous venez me demander le baptême... Qui vous a donc appris à fuir la colère à venir? Faites de dignes fruits de pénitence, et ne dites pas : « Abraham est notre père, » car je vous déclare que, de ces pierres mêmes, Dieu peut faire naître des enfants d'Abraham. On a déjà mis la cognée à la racine des arbres ; ainsi, tout arbre qui ne porte pas de bons fruits sera coupé et jeté au feu !

Si bien que quelques-uns des gens qui l'écoutaient, le prenant pour celui dont il n'était que le précurseur, lui demandaient :

— N'es-tu pas le Messie ?

— Non, répondait-il humblement. A la vérité, je vous donne à tous le baptême d'eau, afin que vous fassiez pénitence ; mais celui qui va venir après moi est plus puissant que moi, et je ne suis pas digne de dénouer les cordons de ses souliers... C'est lui qui vous donnera le baptême de l'esprit saint et du feu. Le van est entre ses mains : il nettoiera son aire ; il amassera son blé dans le grenier ; pour la paille, il la brûlera dans un feu qui ne s'éteindra jamais !

Un jour, au milieu de la foule qui venait à lui, Jean vit s'avancer un homme qu'il ne connaissait pas, et dont les cheveux, partagés sur le milieu de la tête, trahissaient l'origine galiléenne. A mesure que cet homme, sur le visage duquel rayonnaient une mansuétude suprême, une douceur infinie, s'approchait, celui qui, dès le sein de sa mère, avait bondi comme pour aller au devant de son Seigneur, sentait la première joie véritable qu'il eût jamais éprouvée inonder son âme ; et, quand l'inconnu, ayant franchi la distance, se trouva près du Baptiseur, ce fut celui-ci qui courba la tête, et qui, illuminé d'une flamme intérieure, s'écria :

— O Seigneur! vous venez pour recevoir le baptême de moi, quand c'est moi qui devrais recevoir le baptême de vous!

Mais Jésus, souriant, lui répondit:

— Jean, laissez-moi faire à ma volonté, car il est à propos que chacun de nous accomplisse sa mission.

Dès lors, Jean ne s'opposa plus aux désirs de celui qu'il avait constamment regardé comme son maître, quoiqu'il ne sût où le chercher, mais certain qu'il était qu'un jour ce maître viendrait le trouver ou l'appellerait à lui.

Il reprit donc avec humilité :

— Maître, disposez de votre serviteur.

Jésus descendit, alors, dans le Jourdain, et Jean Baptiste, ayant ramassé une coquille sur le rivage du fleuve, puisa de l'eau dans cette coquille, et la versa sur la tête du Sauveur.

Au même moment, une harmonie céleste retentit dans les airs ; un rayon éblouissant descendit du ciel, et, au milieu d'un bruit d'ailes invisibles, on entendit ces mots :

« Vous êtes mon fils bien-aimé, et j'ai mis en vous toutes mes complaisances! »

Et, comme cette voix frémissait encore dans les airs, pareille à la dernière vibration d'une harpe céleste, seul emblème visible de cet amour de Dieu, une colombe vint, pendant un instant, planer sur la tête de Jésus, et remonta ensuite se perdre dans le nuage de flamme d'où elle était descendue.

A partir de ce moment, Jésus regarda sa mission comme sanctifiée, et s'appela *Christ,* c'est-à-dire *oint, frotté, parfumé* pour le combat :

Pour le combat! car, en effet, la lutte allait commencer. L'athlète de l'humanité descendait dans l'arène.

C'était son sacre spirituel; — et, de même que Samuel avait autrefois sacré le jeune David pour son royaume terrestre, Jean venait de sacrer Jésus pour son royaume divin.

Alors, Jésus se sentit assez fort pour tout affronter, et, comme s'il eût voulu recevoir de Dieu une nouvelle assurance de sa nature céleste, il se retira dans le désert, et y demeura quarante jours et quarante nuits sans boire et sans manger.

Et, le front contre terre, il remerciait Dieu d'avoir permis qu'il résistât aux besoins du corps, qu'il surmontât la faim et la soif, qu'il foulât, enfin, la matière sous ses pieds, — quand, au milieu de l'obscurité de cette quarantième nuit, apparut tout à coup à ses yeux, comme sortant de terre ou tombant du ciel, une créature qui semblait appartenir à la race humaine, quoique sa taille eût une demi-coudée de plus que la taille ordinaire des hommes.

L'être étrange qui se produisait ainsi à l'improviste était beau, de cette beauté triste, fière et sombre qui a été révélée à Dante et à Milton. Son œil semblait lancer le feu ; le vent du désert, qui rejetait en arrière sa longue chevelure noire, découvrait son front, sillonné d'une large cicatrice; sa bouche dédaigneuse essayait de sourire, mais ce sourire avait quelque chose de profondément désespéré; sa tête était entourée d'une auréole bleuâtre et faite d'une flamme pâle comme celles qui flottent au-dessus des abîmes; enfin, chaque fois que son pied touchait le sol, une flamme pareille à la flamme de son front en jaillissait comme un éclair souterrain.

C'était celui que les Écritures ont appelé, — n'osant le désigner autrement sans doute, — la *chose qui marche dans les ténèbres.*

Il s'arrêta devant le Christ, dont le front touchait la terre, et, croisant ses bras de bronze sur sa large poitrine, il attendit que le fils de Marie eût fini sa prière et relevé le front.

Jésus, au bout d'une minute, se redressa sur un genou, et regarda le formidable inconnu sans étonnement, et comme s'il eût su qu'il était là.

— Fils de l'homme, lui demanda, alors, d'une voix sourde la sombre apparition, me connais-tu?

— Oui, répondit Jésus d'une voix si douce et si mélancolique, qu'elle fit, avec celle de son interlocuteur, une singulière opposition ; oui, je te connais... Tu fus autrefois le bien-aimé de mon père, le plus beau des archanges sortis de ses mains ; tu portais la lumière devant lui lorsque, chaque matin, sous les traits du soleil, il montrait son visage à l'orient ; alors, on t'eût pris pour un bluet de flammes semé dans les champs de l'empyrée, au milieu des autres fleurs du ciel. L'orgueil te perdit : tu te crus Dieu; tu te révoltas contre ton Seigneur, et, des hauteurs du paradis, sa foudre te précipita dans les abîmes de la terre...

— Où je suis roi ! dit l'archange en relevant la tête et en secouant sa brûlante chevelure.

— Oui, je le sais, répondit Jésus : roi du monde et père des impies !

— Père des impies ! continua l'archange avec orgueil, en effet, c'est mon plus beau titre ! Tout, dans la nature, reconnaissait humblement le pouvoir de Jéhovah; les astres suivaient en silence les lois qu'il avait établies ; la mer, si séditieuse qu'elle fût, se soumettait à ses ordres et reconnaissait ses limites ; les plus hautes montagnes inclinaient leurs têtes quand il passait dans les airs parmi la foudre et les orages ; les éléments domptés se tenaient dans la dépendance et le frisson ; les animaux, depuis le ciron jusqu'à Léviathan ; les puissances invisibles, depuis les Trônes jusqu'aux Dominations, se prosternaient devant sa face ; tout se nivelait, tout se courbait, tout se taisait devant lui... Moi seul, au milieu de l'abaissement général et du silence universel, je me levai, et dis d'une voix qui fit tressaillir le monde, d'une voix qui remonta jusqu'au sommet des siècles passés, et descendit jusqu'aux plus profonds abîmes des siècles à venir : « Je ne servirai pas ! — *Ego dixi : Non serviam !* »

— Oui, répondit Jésus avec tristesse, voilà ce que tu as dit, et voilà pourquoi mon père m'a envoyé contre toi.

— Avant d'accepter la mission, reprit l'archange, as-tu mesuré ma puissance, et sais-tu ce que, dans les prières qu'ils m'adressent, ceux qui m'adorent disent de moi ? Ils disent : « Rien ne peut résister à son visage, et tout ce qui est sous le ciel est à lui ! Il ne se laisse fléchir ni par la force des paroles, ni par les supplications les plus touchantes. Son corps est semblable à des boucliers d'airain fondu, et couvert d'écailles qui se pressent les unes contre les autres, tellement, que le moindre souffle ne peut passer entre elles. La force est dans son cou, et la famine marche devant lui ; les foudres tombent sur son corps sans qu'il daigne s'en remuer ni d'un côté ni d'un autre. Lorsqu'il remonte vers les hauts lieux, les anges connaissent l'effroi, et se purifient... Les rayons du soleil sont sous ses pieds, et il marche sur l'or comme sur la boue. Il fait bouillir le fond des océans comme l'eau dans une chaudière, et monter les vagues comme, dans une cuve, monte la liqueur soulevée par l'ardeur du feu. La lumière brille sur sa trace, et il voit blanchir et écumer l'abîme derrière lui. Il n'y a pas de puissance qui lui soit comparable, puisqu'il a été créé pour ne rien craindre et qu'il est le roi de tous les enfants d'orgueil ! »

— Sais-tu, répondit simplement Jésus, ce que ceux qui te redoutent disent à mon père dans les prières qu'ils lui font? « Seigneur ! Seigneur ! délivrez-nous du méchant ! » Et la voix d'un seul homme qui crie pour demander merci à Dieu, retentit plus loin, et surtout monte plus haut que ce concert de blasphèmes au milieu desquels tu t'enorgueillis.

— Si le Seigneur dont tu parles est si puissant, répondit l'archange, pourquoi donc se contente-t-il du ciel, et permet-il que je sois roi sur la terre?

— Parce que le principe du mal est entré dans le paradis avec le serpent, et que le serpent a été couronné roi par la faute d'Ève.

— Alors, pourquoi a-t-il permis que le serpent entrât dans le paradis? Pourquoi a-t-il souffert qu'Ève péchât?

— Parce que, au moment où le monde

venait de sortir de ses mains, le sublime ouvrier, le lapidaire tout-puissant songea qu'il avait besoin du serpent comme d'une pierre de touche où il essayerait l'humanité; mais mon père a décidé que le mal avait assez longtemps existé sur la terre par la faute d'Ève et par la présence du serpent. Or, c'est justement cette faute que je viens expier, et tu es, toi, le serpent dont je dois écraser la tête.

— Alors, dit l'archange, tu viens armé de colère et de haine?... Tant mieux, car nous combattrons avec les mêmes armes !

— Je viens armé de miséricorde et d'amour, dit Jésus, et je ne hais rien... pas même toi.

— Tu ne me hais pas? s'écria Satan étonné.

— Non, je te plains !

— Et pourquoi me plains-tu ?

Jésus regarda le sombre archange avec une douceur et une tristesse inexprimables.

— Parce que tu ne peux aimer ! dit-il.

Et, à cette simple parole, tout ce corps de bronze frissonna comme la sensitive que touche la main d'un enfant.

— Eh bien, soit ! fils de l'homme ou fils de Dieu, j'accepte le combat, et tu sais mieux que personne qu'un grand pouvoir m'a été donné !

— Celui de tenter l'homme... Mais, par expérience, tu as appris que tu ne pouvais rien contre le juste.

— Rappelle-toi Adam !

— Rappelle-toi Job !

La respiration siffla entre les dents de l'archange.

— Et pourquoi ai-je échoué contre Job? demanda-t-il.

— Parce que l'esprit de Dieu était avec lui.

— Alors, l'esprit de Dieu est avec toi aussi?

— L'esprit de Dieu est en moi; je suis le fils de Dieu!

— Si tu es le fils de Dieu, pourquoi es-tu soumis aux besoins de l'humanité? Pourquoi, depuis quarante jours et quarante nuits que tu jeûnes, as-tu souffert de la faim et de la soif?

— J'ai souffert de la faim et de la soif, et j'ai voulu en souffrir; car, sachant ce que j'ai de douleurs à épuiser avant d'accomplir ma mission, j'ai essayé, dans la solitude du désert, de prendre avec moi-même la mesure de mon courage.

— Et tu l'as prise?

— Oui, car je pouvais dire à ces pierres : « Changez-vous en pain ! » à ce sable : « Change-toi en eau ! » et je ne l'ai pas fait.

— Et, à ta parole, ces pierres et ce sable eussent obéi?

— Sans doute.

— Alors, donne-leur cet ordre; et puisque tes quarante jours et tes quarante nuits de jeûne sont écoulés, apaise ta faim et ta soif!

Jésus sourit.

— Il est écrit au livre saint, dit-il : « Ce n'est point le pain seul qui fait vivre; c'est toute parole qui sort de la bouche de Dieu. »

Les mains de l'archange se crispèrent sur sa poitrine.

— Eh bien, dit-il, puisque tu invoques les textes saints, je vais les invoquer à mon tour, à moins que ton pouvoir, plus grand que le mien, ne s'oppose à ce que je te transporte avec moi où je veux aller.

— J'irai où tu voudras, dit Jésus, car je désire que la force du Seigneur, toute désarmée qu'elle est, fasse honte à ta faiblesse, armée de toutes tes armes.

L'archange regarda un instant Jésus avec une indicible expression de haine ; puis, revenant à sa première pensée, il jeta son manteau à terre, et, mettant ses deux pieds sur l'un des bouts :

— Fais comme moi, dit-il.

— Soit ! répondit Jésus.

Et Jésus mit les pieds sur l'autre extrémité du manteau.

A l'instant même, un tourbillon les emporta tous deux, et tous deux, fendant l'espace avec la rapidité d'un éclair qui déchire le ciel, se trouvèrent à Jérusalem, debout sur le fronton du temple.

Alors, avec cet éternel sourire qui voulait être dédaigneux, et qui n'était que fatal :

— Si tu es véritablement le fils de Dieu, dit Satan, jette-toi à bas du temple, car il est écrit au psaume XC : « Le mal ne pourra venir jusqu'à vous, parce que Dieu a commandé à ses anges de veiller à votre conservation, et ses anges vous porteront entre leurs bras, de peur que vous ne vous heurtiez contre la pierre. »

— Oui, dit Jésus, mais il est écrit aussi au *Deutéronome*, livre VI⁰ : « Vous ne tenterez point le Seigneur votre Dieu. »

— C'est bien... Autre chose, alors, dit l'archange frissonnant de rage. Veux-tu toujours me suivre ?

— Je t'appartiens pour cette nuit, dit Jésus ; fais donc de moi ce qu'il te plaira.

Et tous deux, emportés de nouveau avec une vitesse près de laquelle le vol de l'aigle le plus rapide eût semblé l'immobilité du faucon battant des ailes au-dessus de sa proie, traversèrent l'espace, voyant fuir au-dessous d'eux villes, déserts, fleuves, océans, si bien qu'en quelques secondes, ils se trouvèrent au centre du Thibet, au sommet du Djavahir.

— Sais-tu où nous sommes? demanda l'archange.

— Nous sommes sur la plus haute montagne de la terre, dit Jésus.

— Oui, et je vais te montrer tous les royaumes du monde.

Et, à l'instant même, le mouvement de la terre devint visible, car tous deux, debout sur le manteau infernal, restèrent immobiles et inébranlables, tandis que la terre et l'atmosphère qu'elle entraîne avec elle continuaient de tourner.

— Regarde! dit Satan.

Jésus fit signe qu'il regardait.

— Voici d'abord l'Inde, dit l'archange; l'Inde, c'est-à-dire l'aïeule du genre humain, le berceau des races, le point de départ des religions; la vois-tu passer avec sa formidable nature, qui fait de l'homme une faible et dépendante partie de la création, un pauvre enfant égaré sur le sein de sa mère, un atome perdu dans l'immensité? l'Inde, où, pour être dédaigneusement prodigué, multiplié au delà de toute mesure, l'homme n'est ni plus fort ni plus nombreux qu'ailleurs, car la puissance de mort y est égale à la puissance de vie; l'Inde, où, rencontrant partout des forces disproportionnées et écrasantes, l'homme n'essaye pas même de lutter mais se rend à discrétion, avouant qu'autour de lui, excepté lui, tout est Dieu, et que lui n'est qu'un accident de cette substance unique, universelle, indestructible! l'Inde, où la terre donne trois moissons par an, où une pluie d'orage fait d'une plaine une mer, et d'un désert une prairie; où le roseau est un arbre de cent pieds de haut, où le mûrier est un géant de chaque souche duquel s'élance une forêt couvrant de son ombre humide des reptiles de vingt coudées; des hordes de tigres, des troupeaux de lions; l'Inde, où tous les fleuves coulent pour désaltérer tous les monstres de la création : caïmans, hippopotames, éléphants; l'Inde, enfin, où la peste dévore par millions les hommes que la nature crée par millions; de sorte que, lorsqu'elle demeurera un siècle ou deux sans typhus et sans choléra, elle versera sur l'Europe un océan d'hommes sous les flots duquel disparaîtra l'Europe tout entière!

Et, tandis que parlait l'archange,

l'Inde passait avec ses monts Himalaya, qui déchiraient l'air ; ses forêts sombres et sans fin, son Cambodje, son Gange, son Indus et ses cent cinquante millions d'hommes répandus de la mer de Chine au golfe Persique.

— Regarde! dit Satan.

Jésus fit signe qu'il regardait.

— Voici la Perse, dit l'archange ; la Perse, c'est-à-dire, la grande route du soleil et du genre humain, — à sa gauche, les Scythes ; à sa droite, les Arabes ; — c'est le caravansérail du monde : tous les peuples y ont logé tour à tour. Autrefois, avant qu'elle eût appris qu'elle n'était qu'une hôtellerie, elle a bâti, inspirée par moi, cette tour de Babel dont les ruines, aujourd'hui encore, sont plus hautes que la plus haute pyramide.

Mais, maintenant qu'elle a vu tomber ses monuments et ses dynasties, elle ne bâtit plus que pour une ou deux générations; ses maisons sont des tentes de briques, voilà tout. Cinquante millions d'hommes adorant la lumière et le feu, vivant dans cette atmosphère où l'hiver et l'été existent en même temps, y cherchent l'oubli du passé dans une ivresse factice qui les conduit doucement à la mort.

Et, sous l'ongle indicateur de l'archange, la Perse passait, des sources de l'Oxus à la mer Rouge, déroulant son lac Durra, son lac Aral, sa mer Caspienne, comme trois miroirs d'inégale grandeur; son Euphrate et son Tigre, pareils à deux gigantesques serpents se tordant au soleil; sa Persépolis, sa Babylone et sa Palmyre, qui, aujourd'hui, ne sont que des ruines, et qui, alors, étaient encore des reines à manteaux de pourpre et à couronnes d'or!

— Regarde! dit l'archange.

Jésus fit signe qu'il regardait.

— Voici l'Égypte, continua Satan; l'Égypte, c'est-à-dire un présent que m'a fait le Nil. Un jour, si la fantaisie m'en prend, si ses trente mille villes, si ses soixante millions d'hommes : Grecs, Égyptiens, Abyssins, Éthiopiens, refusent de me reconnaître, je détournerai son fleuve dans la mer Rouge, et j'anéantirai l'Égypte en versant sur elle du sable au lieu d'eau. En attendant, regarde là, d'Éléphantine à Alexandrie : c'est une vallée d'émeraudes, c'est un grenier plein de fruits, c'est un jardin plein de fleurs. Elle nourrit Rome, la Grèce, l'Italie. Il est vrai qu'en revanche son peuple meurt de faim, et attend que la main qui a nourri les Hébreux dans le désert fasse pour lui pleuvoir la manne!

Et l'Égypte passait entre son double désert, avec ses vieilles villes croulantes, ses cataractes écumeuses, ses hautes pyramides, et ses sphinx, enterrés jusqu'aux griffes, dans le sable, et dont l'œil fixe et immobile voyait, depuis cinq cents ans, blanchir les ossements des soldats de Cambyse.

— Regarde! dit l'archange.

Jésus fit signe qu'il regardait.

— Voici l'Europe, reprit Satan ; compare-la à notre massive Asie, et tu verras comme elle est bien mieux découpée, comme elle est bien plus apte au mouvement, comme elle est dessinée sur un plan bien plus intelligent et bien plus heureux; remarque comme, pour un fécond embrassement, elle, qui regorge de monuments et qui manque d'hommes, tend ses bras vers l'Afrique, qui n'a que des hommes et pas de monuments. C'est la Sardaigne qui s'avance vers elle avec son rocher de Plumbarie; la Sicile, avec son lac Lilybée; l'Italie, avec sa pointe de Rhegium; la Grèce, avec son triple promontoire d'Acritas, de Ténare et de Malée; vois comme toutes ces îles de la mer Égée ressemblent à une flotte gigantesque à l'abri dans un vaste port, et prêtes à mettre à la voile pour faire le commerce du monde, tandis que, au nord., elle s'adosse, par la Scandinavie, aux glaces du pôle. Oh! elle est bien solide, elle, avec ses pieds appuyés à la féconde Asie, et sa tête baignée par la mer sauvage. Elle a des villes qui s'appellent Athènes, Corinthe, Rhodes, Sybaris, Syracuse, Cadix, Massilia, Rome! Vois comme elle attire vers un centre unique, autour du Capitole, rocher immobile, la barbarie occidentale, c'est-à-dire l'Espagne, la Bretagne, la Gaule; la civilisation orientale, c'est-à-dire la Grèce, l'Égypte, la Syrie. Regarde bien l'Europe, car c'est la perle des nations, c'est le diamant de l'avenir…

Et, au fur et à mesure que parlait Satan, l'Europe passait; la Grèce d'abord; puis l'Italie, ayant à sa droite la Sicile, à sa gauche la Germanie et la

Scandinavie ; puis l'Angleterre, puis les Gaules, puis l'Espagne.

Et, pendant un instant, on ne vit plus rien que de l'eau du pôle boréal au pôle sud, du pôle arctique au pôle antarctique.

— Regarde! dit Satan.

Jésus fit signe qu'il regardait.

— Après le monde caduc, le monde vieilli ; après le monde civilisé, le monde barbare ; après le monde barbare, le monde inconnu! Regarde, voici toute une terre que l'on ignore ; il est vrai qu'elle n'a guère que trois mille lieues de long sur quinze cents de large ; il est vrai qu'elle est sortie la dernière du sein des eaux, de sorte qu'elle a des lacs grands comme la Méditerranée, des fleuves qui ont quinze cents lieues de cours, des montagnes qui ont dix-huit mille pieds de haut, des déserts sans bornes, des forêts sans fin; il est vrai que l'or et l'argent y germent comme ailleurs le cuivre et le plomb; il est vrai que, soudée au pôle arctique ainsi que le fer à l'aimant, elle coupe le monde en deux, sauf l'espace nécessaire pour le passage d'un vaisseau. Regarde! c'est la terre rêvée par un fou ou par un sage de la Grèce, comme tu voudras : il s'appelait Platon, et il la nomma l'Atlantide.

Et l'Amérique passait avec ses forêts vierges, sa cataracte du Niagara, qui s'entend à la distance de dix lieues, son fleuve des Amazones, son Mississipi, ses Cordillères et ses Andes, son Chimboraço et son pic de Misté.

L'Océan reparut de nouveau.

— Regarde! dit Satan.

Jésus fit signe qu'il regardait.

— Vois-tu, reprit l'archange, cette incommensurable étendue qui semble un miroir d'acier bruni, moucheté çà et là de points sombres?... Ce miroir, c'est l'océan Pacifique; ces points sombres, ce sont des îles. A mesure que la vague profonde passe sous nos pieds, les taches deviennent plus fréquentes : c'est que nous approchons de l'Océanie, où les îles paissent à la surface de la mer comme un troupeau de moutons gigantesques! Tiens, les voilà si pressées maintenant, qu'à peine si entre elles tu distingues la mer comme un réseau mouvant. Rien de tout cela n'a de nom encore, mais qu'importe? tout cela a des hommes, des animaux, des lacs, des forêts ; c'est une cinquième partie du monde, une seconde Atlantide émiettée dans l'Océan. Par ces îles, on va des Cordillères au fleuve Bleu, dont l'embouchure est à quinze cents lieues de nous, et dont la source est sous nos pieds.

Et la grande mer océane passait avec ses groupes d'îles, sa Nouvelle-Guinée, sa Nouvelle-Hollande, Bornéo, Sumatra, les Philippines et Formose.

Et, de loin, on voyait venir la cime neigeuse du Djavahir : la terre avait tourné sur son axe ; le monde, avec tous ses royaumes, avait passé sous les yeux de Jésus.

Et Satan lui dit :

— Je te donnerai toute cette puissance et la gloire de tous ces royaumes, si tu veux m'adorer ; car cette gloire et cette puissance m'ont été données, et, à mon tour, je les donne à qui me plaît.

Mais Jésus lui répondit :

— Il est écrit : « Vous adorerez le Seigneur votre Dieu, et vous ne servirez que lui seul ! »

Alors, un cri terrible, cri de haine, de malédiction et de désespoir, retentit dans l'espace. C'était l'adieu de Satan à Jésus, qu'il était forcé de reconnaître pour le fils de Dieu.

Et quand ce cri formidable, après avoir roulé comme un tonnerre, se fut éteint, on entendit une voix douce et triste qui murmurait :

— O bel archange, lumineuse étoile

du matin, comment es-tu tombé du ciel, toi qui paraissais si brillant au lever du jour!...

C'était la voix de Jésus qui pleurait sur la chute de Satan.

CHAPITRE IV.

LA PÉCHERESSE.

Quelques jours après, dans une ville située à l'extrémité septentrionale du lac de Genesareth, et nommée Capharnüm, ce qui veut dire *village de consolation*, Jésus entrait, suivi de ses quatre premiers disciples. Ces quatre disciples étaient André, Pierre, Philippe et Nathaniel.

André avait été des disciples de Jean, et le Baptiseur lui avait dit, en voyant passer Jésus à son retour du désert de la tentation :

— Regardez celui-là qui passe : c'est l'agneau de Dieu venu sur la terre pour effacer les péchés du monde!

— Et comment le savez-vous? avait demandé André.

— Celui qui m'a envoyé pour donner le baptême d'eau m'a dit : « Lorsque tu verras l'Esprit saint descendre sur une tête, et s'y arrêter, c'est le fils de Dieu que tu baptiseras! » J'ai vu l'Esprit saint descendre et j'atteste que celui-là est le fils de Dieu!

Alors, André avait suivi Jésus.

Sur le chemin, il avait rencontré son frère Simon, et lui avait dit :

— Viens, frère, car nous avons trouvé le Messie.

Et il l'avait mené à Jésus.

Puis, comme Simon regardait Jésus avec un étonnement qui n'était pas exempt de doute :

— Tu ne me reconnais pas ? dit Jésus.

— Non, maître, répondit Simon.

— Eh bien, c'est moi qui, étant enfant, te sauvai la vie, un jour que tu avais été mordu par une vipère. Je te dis alors : « Tu es fils de Jonas ; tu t'appelles Simon, tu t'appelleras Pierre : tu seras mon disciple, et tu me renieras.

A ces paroles, Simon se jeta aux pieds de Jésus, et baisant sa robe :

— Je te dois la vie, maître, dit-il, par conséquent, ma vie t'appartient. Je ne m'appelle plus Simon, je m'appelle

Pierre, et je suis ton disciple ; seulement, j'espère que le Seigneur Dieu m'accordera la grâce de ne jamais te renier?

— Jésus sourit et lui dit :

— Viens!

Et Pierre avait suivi Jésus.

Le lendemain, Jésus avait rencontré sur sa route Philippe, qui, comme André et Pierre, était de la ville de Bethsaïde, et il lui avait dit :

— Suivez-moi, Philippe.

— Philippe l'avait suivi, et s'étant informé près d'André et de Pierre, il avait, à son tour, rencontré Nathaniel et lui avait dit :

— Suis-nous, Nathaniel, car nous avons trouvé celui dont parlent Moïse et les prophètes.

Alors, Nathaniel, étonné, avait demandé quel était celui-là. Et Philippe avait répondu :

— C'est Jésus de Nazareth.

Mais Nathaniel, haussant les épaules.

— De Nazareth! avait-il répété ; quelque chose de bon peut-il sortir de Nazareth?...

Alors, Jésus, intervenant :

— Voici un véritable Israélite, dit-il en qui n'existe aucun artifice.

— D'où donc me connaissez-vous? demanda Nathaniel tout surpris.

Jésus sourit.

— Je vous ai vu sous le figuier, dit-il, avant que Philippe vous appelât.

Et Nathaniel, qui avait, en effet, déjeuné sous un figuier, s'inclina, disant :

— Maître, vous êtes véritablement le roi d'Israël!

— Vous croyez, parce que je vous ai vu sous le figuier, lui dit alors Jésus; mais, vous, Nathaniel, vous verrez bien autre chose : vous verrez au-dessus de ma tête le ciel s'ouvrir, et les anges monter et descendre!

Puis, accompagné de ses quatre disciples, il s'était rendu à Cana, où était la vierge Marie : là, invité à une noce, il avait fait, à la sollicitation de sa mère et au grand étonnement des convives, son miracle de l'eau changée en vin; après quoi, il s'était remis en route, et était venu à Capharnaüm.

C'était la première fois que le jeune maître visitait la ville, et, cependant, son entrée y fit une grande sensation. La beauté de l'enfant avait persévéré en lui; seulement, il y avait dans les traits de l'homme quelque chose de grave, de mélancolique, d'éprouvé, surtout depuis sa lutte avec l'ennemi du genre humain.

Capharnaüm était bien la ville qui convenait au Christ pour y faire les premiers essais de sa divinité : son éloignement de la Judée proprement dite, dont elle est séparée par la Samarie tout entière, la faisait regarder comme un centre de ténèbres, et Jésus pensait qu'au milieu de ces ténèbres, la lumière divine qu'il allait répandre éclaterait plus vive que partout ailleurs.

Du reste, la vie de Jésus est l'accomplissement de la parole des prophètes; et Isaïe a dit :

« La terre de Zabulon et la terre de Nephtali, proches de la mer, au delà du

Jourdain, — la Galilée des gentils, — ce peuple qui demeurait dans les ténèbres a vu une grande lumière, et cette lumière a paru à ceux qui demeuraient dans la région à l'ombre de la mort. »

Aussi est-ce Capharnaüm et ses environs que Jésus choisit comme le théâtre de ses premières prédications et de ses premiers miracles. C'est à Capharnaüm qu'il dit : « Le temps est accompli, le royaume des cieux approche ; faites pénitence, et croyez à l'Évangile. »

De Capharnaüm au lac de Genesareth, il n'y avait qu'un pas ; de sorte que parfois ses disciples, qui étaient des pêcheurs, le quittaient et allaient jeter leurs filets dans le lac. Il va les y chercher, et c'est là qu'il leur dit, n'hésitant plus à les entraîner à sa suite : « Venez avec moi, et, de pêcheurs de poissons que vous êtes, je vous ferai pêcheurs d'hommes! »

Et, voyant un peu plus loin Jacques, fils de Zébédée, et Jean, son frère, qui étaient dans une barque, occupés à raccommoder leurs filets, il les appela à leur tour; et, comme avaient fait Pierre et André, ils quittèrent leur barque, leurs filets et leur vieux père Zébédée pour suivre Jésus, tant il était difficile de lui résister, quand, avec sa voix douce et entraînante, qui faisait d'un ordre une prière, il disait : « Venez! »

C'est qu'un grand projet préoccupait dès ce moment Jésus : il voulait faire la pâque à Jérusalem, et y essayer sa puissance naissante, qui était déjà réelle, quoiqu'elle n'eût encore pour base que les paroles d'abnégation de Jean Baptiste, qui confessait tout haut la mission du Sauveur, disant à qui voulait l'entendre : « Je ne suis que le Précurseur, Jésus est le Messie. »

Jésus, accompagné de ses six premiers disciples, partit donc pour Jérusalem.

Nous avons déjà dit ce qu'était Jérusalem dans ces jours de fête solennelle; nous avons montré ses auberges regorgeant de voyageurs, ses places publiques envahies par les tentes, ses hôtes encombrant les vestibules des théâtres, et jusqu'aux portiques du temple.

Dans le parvis de ce temple, et dans le temple même, se tenait une espèce de foire; des marchands y vendaient, à grand bruit, s'arrachant les acheteurs,

— des pigeons, des moutons et jusqu'à des bœufs pour les sacrifices. C'était un commerce que toléraient les prêtres, parce qu'ils y trouvaient un profit; et, comme ce commerce était grand en tout temps, et immense pendant les trois jours de la Pâque, des changeurs se tenaient là avec leurs tables chargées de sacs d'argent et de piles d'or.

Au milieu de ces cris d'acheteurs, de vendeurs, de changeurs, de ce froissement d'or et d'argent, de ce bêlement des moutons, de ces mugissements des bœufs, un homme, un fouet à la main, gravit les degrés du temple, et, arrivé dans le parvis :

— Otez-moi tout cela d'ici, s'écria cet homme, et ne faites pas de la maison de mon père un lieu de trafic!

Et, comme ceux à qui il s'adressait hésitaient à obéir, il leva son fouet; et, quoique ce fouet ne fût composé que de petites cordes, il y avait une telle majesté s. r le front de cet homme qui appelait le temple du Seigneur la maison de son père, un tel commandement dans sa voix, que marchands, acheteurs, changeurs, trafiquants, se renversèrent les uns sur les autres, et descendirent, éperdus et les bras au ciel, les degrés de ce temple où Jésus leur apparaissait semblable à l'ange qui avait battu de verges Héliodore; car, cet homme, c'était Jésus, Jésus disant de sa voix si puissante, lorsqu'il en voulait changer la douceur en commandement :

— Il est écrit : « Ma maison sera appelée une maison de prières, et vous en avez fait une caverne de voleurs! »

La terrible apparition resta vivante aux yeux des habitants de Jérusalem, et, quoique Jésus, en accomplissant cet acte de vigueur, eût transgressé les droits d'un citoyen, nul n'osa lui en demander compte. Cependant, ayant appris qu'Hérode Antipas venait de faire arrêter Jean Baptiste, qui avait reproché au tétrarque d'avoir épousé la sœur de son frère, Jésus reprit la route de Capharnaüm.

Il lui fallait traverser la Samarie. — La Samarie, conquise par Salmanasar, qui en avait transporté les habitants au delà de l'Euphrate, repeuplée par Assar Haddon, reprise par Antiochus le Grand, puis par Jean Hyrcan ; la Samarie était, depuis l'invasion des Assyriens, un mélange d'étrangers et d'idolâtres toujours en guerre avec le royaume de Juda, qu'ils détestaient et dont ils étaient détestés. Il en résultait que, pour ne point venir à Jérusalem, les Samaritains s'étaient construit un sanctuaire sur le mont Garizim.

Jésus traversait cette province à pied, lorsque, vers midi, se trouvant fatigué, et par la course qu'il avait faite et par la chaleur du jour, il s'assit sous un sycomore près de la fontaine de Jacob, pendant que ses disciples étaient allés à la ville pour acheter de la nourriture. Il était là depuis quelques instants, lorsqu'une femme vint puiser de l'eau à la fontaine.

Jésus lui demanda à boire.

La Samaritaine le regarda d'un air étonné.

— Comment, lui dit-elle, vous êtes Juif, et vous me demandez à boire, à moi qui suis Samaritaine ?

— Si vous connaissiez celui qui vous dit : « Donnez-moi à boire, » reprit Jésus, peut-être que c'est vous qui lui en demanderiez ; et il vous donnerait une eau vive.

La Samaritaine regarda Jésus avec attention, ce qu'elle n'avait point encore fait auparavant ; et, voyant cette douce majesté empreinte sur son visage :

— Seigneur, lui dit-elle, vous n'avez aucun vase pour puiser, et le puits est profond ; où prendriez-vous donc cette eau vive dont vous me parlez ?... Est-ce que vous êtes plus grand que notre père Jacob, qui nous a légué ce puits, dont il a bu, lui, ses enfants et ses troupeaux ?

— Quiconque boit de cette eau, répondit Jésus, aura encore soif; tandis que l'eau que je verse, moi, désaltère l'âme et le corps à la fois, puisée qu'elle est à la source éternelle.

La Samaritaine regarda le Christ avec une surprise croissante.

— Seigneur, dit-elle, s'il en est ainsi, donnez-moi de cette eau, je vous prie, afin que je sois désaltérée à tout jamais, et n'aie plus la peine d'en venir puiser ici.

— Soit, dit Jésus, allez quérir votre mari, et revenez avec lui.

Mais, elle, secouant la tête :

— Je n'ai point de mari, Seigneur, dit-elle.

Jésus sourit.

— Femme, reprit-il, vous avez fort

bien répondu en disant : « Je n'ai point de mari, » car vous en avez eu cinq, et celui avec qui vous vivez n'est pas le vôtre.

Alors, avec un respect mêlé de honte :

— Seigneur, Seigneur, dit cette femme, je vois bien que vous êtes un prophète : éclairez-moi !... Nos pères ont sacrifié sur cette montagne, qui est celle de Garizim, et vous dites, vous autres prophètes, que le seul lieu où il soit permis de sacrifier est Jérusalem.

— Femme, répondit Jésus, croyez-moi, le jour vient, et il est déjà venu, où les hommes n'adoreront plus Dieu à Jérusalem ni sur cette montagne, mais où ils adoreront mon père en esprit et en vérité!

— Oui, répondit la Samaritaine, je

sais que le Messie vient : lors donc qu'il sera venu, il nous instruira de toute chose.

Alors, Jésus, souriant de son ineffable sourire :

— Ce Messie que vous attendez, femme, dit-il, c'est moi.

Et, comme, stupéfaite de cette réponse, la Samaritaine ne savait encore si celui qui l'avait faite raillait ou disait la vérité, les disciples revinrent de la ville, et, parlant à Jésus ainsi que les serviteurs parlent au maître, ne laissèrent aucun doute dans l'esprit de cette femme, qui, abandonnant sa cruche, courut vers la ville, criant :

— Venez tous ! venez ! car voici, à quelques pas d'ici, près du puits de Jacob, un homme qui m'a dit tout ce que j'avais fait, et qui ne peut être que le Messie !

Et, à la voix de cette femme, tous les habitants sortirent de la ville, et vinrent au-devant de Jésus.

Mais les disciples, qui savaient le besoin que Jésus devait avoir de nourriture, lui disaient, malgré l'affluence de peuple qui l'entourait :

— Maître, mangez.

Jésus secoua la tête.

J'ai, dit-il, à manger une viande que vous ne connaissez pas.

Les disciples se regardèrent entre eux, se demandant tout bas :

Qui donc, en notre absence, a apporté de la nourriture au maître ?

Mais, lui :

— Ma nourriture, dit-il, apprenez

cela, est de faire la volonté de celui qui m'a envoyé, et de consommer son ouvrage.

Puis, continuant de parler dans son langage figuré :

— Ne prétendez-vous pas, vous autres, dit-il, qu'il y a encore quatre mois d'ici à la moisson ? Eh bien, je vous dis, continua le Christ, montrant cette foule qui l'entourait, je vous dis : « Levez les yeux, regardez autour de vous, et vous verrez que le fruit est mûr, et la campagne prête à être moissonnée.

Dès lors, la pensée de Jésus devint intelligible, même pour les Samaritains, et, comprenant que lui était le moissonneur, et qu'eux étaient la moisson, ils l'emmenèrent dans leur ville, c'est-à-dire à Sichem, et le Christ y resta deux jours; et, lorsqu'il en sortit, la plupart des habitants croyaient en lui.

Alors, Jésus reprit le chemin de sa fidèle Galilée. Le souvenir de son séjour à Capharnaüm était resté dans tous les esprits; aussi, dès Cana, rencontra-t-il un officier qui venait au-devant de lui.

— O Seigneur Jésus! lui dit cet homme aussitôt qu'il l'aperçut, hâtez-vous, je vous en supplie, car mon fils se meurt, et il n'y a que vous qui puissiez le guérir!

Mais Jésus se contenta de tendre la main vers Capharnaüm, et, avec cet accent de voix qui ne permet pas que l'on doute :

— Allez, dit-il, votre fils est guéri!

Et l'homme avait une telle foi, que, sans qu'il lui restât une crainte dans le cœur, il remercia Jésus, et reprit la route de la ville; et, comme il était encore en chemin, il vit venir à lui ses serviteurs qui lui dirent :

— Oh ! Seigneur, réjouissez-vous; votre fils est non-seulement hors de danger, mais encore tout à fait guéri.

— Et depuis quand? demanda le pauvre père tout joyeux.

— Depuis hier.

— Depuis hier!... Et à quelle heure, hier, la fièvre l'a-t-elle quitté?

— Vers une heure après midi.

Et c'était justement l'heure où Jésus avait dit : « Allez, votre fils est guéri! »

Précédée par ce miracle, la rentrée du Messie à Capharnaüm fut une joie pour tout le monde. Aussi, est-ce à Capharnaüm qu'il va établir sa résidence de prédilection; aussi est-ce dans les environs de Capharnaüm qu'il se plaira à répandre la parole du Seigneur; le lac de Genesareth, surtout, sera le lieu où il fera plus particulièrement éclater sa divinité : c'est à la surface de ce lac qu'il glisse sans que ses pieds touchent à l'eau; c'est au bord de ce lac qu'il nourrit plusieurs milliers d'hommes avec quelques pains et quelques poissons, c'est au milieu d'une tempête qui soulève les flots de ce lac, qu'aux cris de ses disciples, il s'éveille, et que, se levant du fond de la barque près d'être engloutie, il dit au vent qui mugit, « Tais-toi! » à la mer qui gronde: « Sois calme! » et le vent et la mer lui obéissent.

Puis, chacun de ses retours à Capharnaüm est marqué par un nouveau miracle : c'est un possédé qu'il exorcise, c'est la belle-mère de Pierre qu'il guérit, c'est la fille de Jaïre qu'il ressuscite. La grande page de sa divinité se déroule, marquée à chaque ligne d'un bienfait rendu à l'humanité.

« Et Jésus se mit à parcourir toute la Galilée, enseignant dans les synagogues, prêchant l'évangile du royaume de Dieu, guérissant tout ce qu'il y avait de malades et de lunatiques parmi le peuple ; alors, sa réputation se répandit par toute la Syrie, et on lui présenta tous les gens atteints de diverses sortes de maux et de douleurs, des possédés, des paralytiques, et il les guérit, et beaucoup de peuple le suivit de la Galilée, de la Décapole, de Jérusalem, de Judée et d'au delà du Jourdain. »

Aussi, lorsque, du fond de sa prison, Jean, qui s'inquiète, non pas de lui-même, mais du Sauveur, lui fait demander des nouvelles de la mission sainte, Jésus répond-il à ses envoyés :

— Allez, et reportez à Jean ce que vous avez vu et ce que vous avez ouï, c'est-à-dire, que les aveugles voient, que les boiteux marchent, que les lépreux deviennent nets, que les sourds entendent, que les morts ressuscitent, et que l'Évangile est prêché aux pauvres.

La nouvelle Pâque arrivait; Jésus reprit le chemin de Jérusalem, et, partout sur sa trace, le bienfait semé faisait lever la reconnaissance; mais, en même temps que Jésus devenait grand, il devenait dangereux. Jésus n'était pas le premier qui se fût présenté comme le Messie ; seulement, les autres avaient été des messies politiques, de nouveaux Judas Macchabée, essayant de soulever le peuple juif; et le peuple juif, las de la domination romaine, contre laquelle il lutta près de deux cents ans, était toujours disposé à se soulever. Aussi, dès que le bruit des miracles du Christ se répandit, des bandes d'hommes armés s'apprêtèrent-elles à l'enlever et à le prendre pour roi ; mais Jésus lui-même répudiait ces hommes, disant d'eux : « Tous ceux qui sont venus avant moi étaient des brigands et des voleurs ; c'est pourquoi les brebis se sont refusées à les entendre. »

Comme il approchait de Jérusalem,

une nouvelle crainte, plus réelle et plus sérieuse que les autres, se dressa sur sa route : Jean Baptiste venait d'être décapité !

Le Précurseur avait été arrêté, ainsi qu'on l'a vu, d'abord, à cause de ses prédications annonçant un nouveau roi du monde; or, le monde était au soupçonneux Tibère, alors réfugié sur son rocher de Caprée, et dont les agents ne savaient ou ne voulaient point faire de différence entre la royauté spirituelle qu'était en train de conquérir Jésus, et l'empire matériel que tenait leur maître. Ensuite, nous l'avons dit, Jean Baptiste n'avait pas crainte de réprimander le tétrarque de Galilée sur son mariage avec sa belle-sœur Hérodiade, et le tétrarque, cachant sous un prétexte de salut public sa vengeance particulière, avait fait arrêter Jean le Baptiseur, et l'avait fait conduire en prison.

C'était peut-être assez pour Hérode; ce ne fut point assez pour Hérodiade.

Elle avait une fille jeune, belle, adorée du tétrarque, qui ne savait rien lui refuser; cette fille avait naturellement pris parti pour sa mère. Au milieu d'une fête, Hérode la pria de danser; mais elle ne consentit qu'à la condition que le tétrarque lui jurerait d'accomplir son premier vœu. — Hérodote jura, s'engageant à faire ce qui lui serait demandé, pourvu que ce qui lui serait demandé fût dans la mesure de sa puissance. — La fille d'Hérodiade dansa, et, après avoir dansé, elle demanda la tête de Jean le Baptiseur.

Hérode était esclave de sa parole ; la tête de Jean-Baptiste fut apportée sur un plat d'or ; et, en fille soumise, la belle homicide déposa le plat aux pieds de sa mère.

C'était un exemple du sort qui était réservé à Jésus.

Jésus résolut donc de s'arrêter à quelque distance de la ville. Béthanie, située seulement à quinze stades de Jérusalem, était invisible à celle-ci, se trouvant bâtie sur le versant oriental de la montagne des Oliviers. Elle convenait bien à Jésus pour cette halte, et ce fut là qu'il s'arrêta.

Au reste, à peine le bruit de son arrivée s'était-il répandu, qu'un pharisien, nommé Simon le Lépreux, invita Jésus à dîner.

Jésus accepta, pour prouver que, s'il prêchait contre la secte des pharisiens, c'était à cause de son orgueil et de ses principes absolus, mais qu'il n'avait aucune haine contre les individus.

Le repas fut splendide : tout le luxe de Simon avait été déployé pour recevoir celui qui s'annonçait comme le fils de Dieu ; mais un épisode sur lequel le maître de la maison lui-même n'avait point compté vint donner à ce repas un nouveau caractère de grandeur.

Vers le dessert, une jeune fille de Béthanie dont le frère et la sœur, nommés Lazare et Marthe, habitaient une maison voisine, entra dans la salle du festin, magnifiquement vêtue, et portant un vase d'albâtre tout rempli de parfums.

Chacun la reconnut et s'étonna de sa

venue. C'était la plus vantée et la plus riche des courtisanes de Jérusalem, cette ville des courtisanes : on appelait cette belle pécheresse Marie Madeleine.

Alors, sans paraître remarquer la surprise des convives, humble et les yeux baissés, elle s'approcha de Jésus, qu'elle n'avait jamais vu, mais qu'elle reconnut sans doute à son sourire.

Et, comme Jésus était sur cette espèce de lit où se couchaient les convives; comme sa tête était placée du côté de la table, et ses pieds du côté de la porte, Madeleine se mit à genoux, et commença de pleurer si abondamment, qu'elle lava de ses larmes les pieds du Christ, et, les ayant frottés du nard précieux renfermé dans l'urne, elle les essuya avec ses cheveux.

Le Christ la laissa faire, jetant un regard d'une suprême douceur sur cette pauvre fille, qui s'humiliait ainsi à ses pieds. Tous, jusque-là, étaient accourus lui demander la guérison des infirmités du corps ; nul, ni homme ni femme, n'était venu chercher près de lui la guérison des impuretés de l'âme.

Et les convives regardaient avec étonnement cette belle créature vêtue d'habits de brocart, avec son cou étincelant de chaînes d'or, ses mains couvertes de bagues et d'anneaux, qui, de ses magnifiques cheveux blonds, essuyait les pieds de Jésus.

Et le maître de la maison, ce riche lépreux, se disait en lui-même : « J'ai eu tort de recevoir chez moi cet homme qui n'est point prophète ; car, s'il était prophète, il saurait quelle est la femme qui le touche, et il s'écarterait d'une si grande pécheresse. »

Mais, alors, Jésus, qui lisait dans le cœur du pharisien :

— Simon, dit-il avec sa douce voix et son doux sourire, j'ai une question à vous soumettre.

— Laquelle? demanda le pharisien. Je vous écoute; parlez.

— Un certain créancier avait deux débiteurs : l'un lui devait cinq cents deniers, l'autre cinquante. Comme ni l'un ni l'autre n'avaient de quoi le payer, il leur remit la dette à tous deux. Dites-moi, Simon, à votre avis, lequel lui sera le plus reconnaissant?

— Maître, répondit Simon, il n'y a aucun doute à faire là-dessus : ce sera celui à qui la plus grosse somme a été remise.

— Vous avez bien jugé, dit Jésus.

Et, se tournant vers Madeleine :

— Voyez-vous cette femme ? dit-il. Elle vient de faire pour moi ce que vous n'avez pas fait, vous. Je suis entré dans votre maison, vous ne m'avez pas donné d'eau pour me laver les pieds, et elle, au contraire, les a arrosés de ses larmes, et les a essuyés avec ses cheveux ; vous ne m'avez point embrassé, tandis qu'elle, au contraire, depuis qu'elle est là, n'a cessé de me baiser les pieds ; vous n'avez répandu ni huile, ni baume, ni nard sur ma tête, et, elle, elle a répandu tout ce qu'elle avait de parfums sur mes pieds. C'est pourquoi, je vous le dis, beaucoup de péchés lui seront remis, parce qu'elle a beaucoup aimé ! Mais celui à qui l'on remet moins aime moins.

Puis, posant la main sur la tête de la pécheresse.

— Va, pauvre fille d'Ève, lui dit-il, tes fautes ne sont plus, et je te fais pure devant Dieu comme le jour où tu sortis du sein de ta mère !

Et Madeleine se releva joyeuse et consolée, vouant désormais à Jésus le seul amour de son âme et de son cœur.

CHAPITRE V.

LA RÉSURRECTION DE LAZARE.

Cette fois, Jésus fit la pâque, non pas à Jérusalem, mais à Béthanie, et ce fut, comme il l'avait dit à Jean et à Pierre, Heli, beau-frère de Zacharie d'Hebron, qui la lui prépara ; puis, la pâque faite, le Messie partit de nouveau pour la Galilée, au milieu des bénédictions du peuple, et particulièrement de Madeleine, et de Marthe et de Lazare, son frère et sa sœur.

Là, Jésus continue d'accomplir la grande œuvre de soulagement qu'il a entreprise ; il guérit sans cesse, il guérit tous ceux qu'on lui amène, sans s'inquiéter de quelle secte ils font partie, et si le jour où ils lui sont amenés est le jour du sabbat, s'inquiétant seulement de la douleur des malades et des angoisses de leurs parents.

Et chacun se disait :

— Voyez donc cet homme ! Quand les savants, les médecins et les docteurs nous prennent bien cher, et nous laissent mourir, lui nous guérit pour rien, et nous donne encore, outre la guérison, des conseils et des avis qui nous ouvrent le chemin du ciel !

C'est pendant cette dernière année qu'il guérit le lépreux, le serviteur du centenier, le possédé aveugle et muet, la fille de la Chananée, et l'aveugle de Bethsaïde. C'est pendant cette dernière année qu'il laisse tomber de sa bouche la magnifique parabole du bon grain et de l'ivraie, celle du bon pasteur, celle du bon Samaritain, celle du bon et du mauvais serviteur, celle des hommes qui refusent de se rendre au festin, celle de la brebis égarée, celle de l'enfant prodigue; paraboles qui sont toutes dans notre mémoire, et, plus encore, dans notre cœur. C'est pendant cette dernière année, enfin, qu'il attache à lui Thomas, Mathieu le Péager, Jacques fils d'Alphée, Taddée, Simon le Chananéen et Judas, lesquels, joints à Pierre, à André, à Jacques le Majeur, à Jean, à Philippe et à Barthélemy, portent le nombre de ses apôtres à douze; et, cela, sans compter les soixante et dix disciples qui figurent les soixante et dix anciens d'Israël.

C'est alors que, ayant derrière lui ce cortége de miracles qui le glorifie, autour de lui cet immense concours de peuple qui l'adore, Jésus pense qu'il est temps de résumer toute sa doctrine dans un seul discours; nous dirions aujourd'hui dans une seule profession de foi.

— Venez avec moi sur la montagne, dit-il; venez tous, car j'ai à vous parler à tous!

Et plus de dix mille personnes le suivirent.

Et, arrivé sur la montagne, jetant les yeux autour de lui, et voyant que tous ceux qui l'avaient suivi étaient surtout les déshérités de ce monde, des pauvres, des opprimés, des malheureux, des esprits simples, des cœurs noyés de larmes, des femmes pareilles à la Samaritaine, des filles semblables à la sœur de Marthe et de Lazare, enfin, cette population infortunée des grandes cités, laquelle espère sans cesse que tout changement qui se fait lui apportera un meilleur avenir, que tout jour qui s'apprête à luire éclairera sa misère au regard de Dieu, Jésus prit en grande pitié cette multitude, et, s'étant assis au milieu d'elle, ses disciples autour de lui, il dit de sa voix douce et miséricordieuse :

— Bienheureux les pauvres d'esprit, parce que le royaume des cieux sera leur royaume! Bienheureux ceux qui sont doux, parce qu'ils posséderont la terre !

Bienheureux ceux qui pleurent, parce qu'ils seront consolés! Bienheureux ceux qui sont affamés et altérés de la justice, parce qu'ils seront rassasiés! Bienheureux ceux qui sont miséricordieux, parce qu'ils obtiendront eux-mêmes miséricorde! Bienheureux ceux qui ont le cœur pur, parce qu'ils verront Dieu! Bienheureux ceux qui sont pacifiques, parce qu'ils seront appelés les enfants du Seigneur! Bienheureux ceux qui souffrent pour la justice, parce que le royaume des cieux sera leur royaume!

Puis, s'adressant à ses apôtres et à ses disciples, mais à voix assez haute pour que tous entendissent la recommandation sainte :

— Et vous, dit-il, écoutez bien ceci :
— Le jour où les hommes vous char-

geront de malédictions, vous persécuteront et diront faussement toute sorte de mal contre vous, à cause de moi, ce jour sera pour vous un jour de bonheur ! Réjouissez-vous alors, et tressaillez de joie, parce qu'une grande récompense vous est réservée dans les cieux, et que, de même qu'ont été persécutés les prophètes avant vous, vous serez persécutés à votre tour. Vous êtes le sel de la terre : si le sel perd de sa force, s'il ne sale plus, il n'est bon qu'à être jeté au vent et foulé aux pieds des hommes! Vous êtes la lumière du monde, et l'on n'allume pas une lampe pour la mettre sous le boisseau : on allume une lampe pour la mettre sur un chandelier, afin qu'elle éclaire ceux qui sont dans la maison ; que votre lumière luise donc devant les hommes, afin qu'ils voient vos bonnes œuvres et qu'ils glorifient votre père qui est dans les cieux! Mais, je vous le dis, si votre justice n'est pas plus large que celle des scribes et des pharisiens, vous n'entrerez pas dans le royaume des cieux. — Vous avez appris qu'il a été dit aux anciens : « Vous ne tuerez point, et quiconque aura tué méritera d'être condamné par jugement. » Et, moi, je vous dis qu'il ne s'agit point d'aller jusqu'à l'homicide, mais que quiconque se mettra en colère contre son frère méritera d'être condamné par le jugement; que celui qui dira à son frère : « *Raca!* » méritera d'être condamné par le conseil; que celui qui lui dira : « Vous êtes un fou! » méritera d'être condamné au feu de l'enfer! Si donc, présentant votre offrande à l'autel, vous vous souvenez que votre frère a quelque chose contre vous, laissez là votre don devant l'autel; allez d'abord vous réconcilier avec votre frère; vous reviendrez ensuite offrir votre don, et ce don sera deux fois agréable au Seigneur! — Vous avez appris qu'il a été dit aux anciens : « Vous ne commettrez point d'adultère. » Et, moi, je vous dis que quiconque a regardé une femme avec un mauvais désir pour elle a déjà commis l'adultère dans son cœur. — Il a été dit : « Que quiconque veut quitter sa femme lui donne un écrit par laquelle il la répudie. » Et, moi, je vous dis que quiconque aura quitté sa femme, si ce n'est en cas d'adultère, la fait devenir adultère, et que quiconque épouse celle que son mari aura quittée sans la répudier commet un adultère. — Vous avez appris encore qu'il a été dit aux anciens : « Vous ne vous parjurerez point, mais vous vous acquitterez envers le Seigneur des serments que vous aurez faits. » Et, moi, je vous dis de ne point jurer du tout, ni par le ciel, parce que c'est le trône de Dieu, ni par la terre, parce que c'est le marchepied de Dieu, ni par Jérusalem, parce que c'est la ville du grand roi; vous ne jurerez pas non plus par votre tête, parce que vous n'en pouvez rendre un seul cheveu blanc ni noir; mais contentez-vous de dire : « Cela est, » ou : « Cela n'est pas; » ce qui viendra de plus après ces simples paroles sera mal dit. — Vous avez appris qu'il a été dit : « Œil pour œil! dent pour dent! »

Et, moi, je vous dis de ne point résister au mal que l'on veut vous faire ; mais, si quelqu'un vous a frappé sur la joue droite, présentez-lui encore l'autre joue ; si quelqu'un veut plaider contre vous pour vous prendre votre robe, quittez votre robe, et donnez-lui de plus votre manteau ; si quelqu'un veut vous contraindre de faire mille pas avec lui, faites ces mille pas et deux mille autres encore. Donnez à celui qui demande, et ne rejetez pas celui qui veut emprunter de vous. — Vous avez appris qu'il a été dit : « Vous aimerez votre prochain et vous haïrez votre ennemi. » Et, moi, je vous dis : « Aimez vos ennemis, faites du bien à ceux qui vous haïssent, et priez pour ceux qui vous persécutent et qui vous calomnient, afin que vous soyez les enfants de votre père qui est dans les cieux, qui fait lever son soleil sur les bons et sur les méchants, qui fait pleuvoir sur le champ des justes et sur celui des injustes ; car, si vous n'aimez que ceux qui vous aiment, quel mérite en aurez-vous ? Les publicains ne font-ils pas ainsi ? Et, si vous ne saluez que vos frères, que faites-vous en cela de plus que les autres ? Les païens ne font-ils pas ainsi ? Tâchez donc d'être aussi parfaits que votre père céleste est parfait. Prenez garde d'accomplir vos bonnes œuvres devant les hommes pour en être regardés ; mais, lorsque vous ferez l'aumône, que votre main gauche ne sache point ce que fait votre main droite. De même, lorsque vous priez, ne ressemblez point aux hypocrites, qui affectent de se tenir debout dans les synagogues ou au coin des rues, pour être vus des autres hommes ; mais entrez dans votre chambre, et, la porte en étant fermée, priez votre père dans le secret, et votre père, qui voit ce qui se passe dans le secret, vous en rendra la récompense. Et priez-le ainsi :

« Notre père qui êtes dans les cieux, que votre nom soit sanctifié !

» Que votre règne arrive ; que votre volonté soit faite sur la terre comme au ciel.

» Donnez-nous aujourd'hui notre pain de chaque jour ;

» Et remettez-nous nos dettes, comme nous les remettons à ceux qui nous doivent.

» Et ne nous abandonnez point à la

tentation, mais délivrez-nous du mal. Ainsi soit-il. »

Jésus dit encore beaucoup d'autres choses qui entrèrent profondément dans la mémoire de ses auditeurs; de sorte que, lorsqu'il eut fini, chacun continuait à écouter, et personne ne se levait.

Lui se leva, et toute cette multitude, comprenant que l'enseignement était terminé, dit d'une seule voix :

— Merci, maître ! car nous avons entendu aujourd'hui, de ta bouche, des choses que nous n'avions jamais entendues, et qu'aucune bouche n'avait jamais prononcées ! Merci, maître ! car tu nous as instruits comme doit le faire un Dieu, et non pas comme font les scribes et les pharisiens.

Et nul ne se doutait, parmi cette

foule, qu'en prêchant l'amour, le dévouement et la foi, c'était son propre arrêt que venait de prononcer Jésus.

Mais lui le savait, lui savait que son jour était proche ; aussi, un mois s'étant à peine écoulé depuis l'émission de cette doctrine, il résolut de ne laisser aucun doute à ses disciples sur sa divinité.

Et, prenant avec lui ses trois apôtres les plus aimés, Pierre, Jacques et Jean, il les conduisit sur cette même montagne où il avait fait pleuvoir sur la foule la manne de sa parole, et que l'on croit être le Thabor.

Là, Jésus se mit en prière, et, à mesure qu'il priait, son visage s'entourait de rayons et finit par devenir brillant comme le soleil ; sa robe rouge et son manteau bleu se changèrent en vêtements blancs comme la neige, et ses pieds quittant la terre, il demeura suspendu au-dessus du sol.

Les trois disciples regardaient en silence, les mains jointes et l'effroi dans le cœur, lorsqu'ils virent tout à coup que Jésus n'était plus seul, et qu'ils reconnurent à l'un de ses côtés Moïse, et à l'autre Élie.

Tous deux étaient pleins de majesté et de gloire, et tous deux lui parlaient de sa sortie de ce monde qui devait bientôt avoir lieu à Jérusalem.

Mais, alors, une nuée parut, et la terreur des apôtres redoubla en voyant Jésus, Moïse et Élie entrer dans cette nuée.

En un instant, elle devint resplendissante, et il en sortit une voix qui disait :

« Celui-ci est mon fils bien-aimé; écoutez donc, et croyez tout ce qu'il vous dira. »

Et, lorsque cette voix se fut éteinte, la nuée disparut, et Jésus se retrouva seul avec les trois apôtres.

Ceux-ci lui demandèrent, alors, ce qu'avaient voulu dire Moïse et Élie, quand ils avaient parlé de sa sortie du monde à Jérusalem.

Et, dès lors, Jésus commença de leur dire ce qu'il ne leur avait point dit encore, à savoir, qu'il devait aller à Jérusalem, qu'il y souffrirait beaucoup de la part des sénateurs, des scribes et des princes des prêtres; enfin, qu'il y serait mis à mort.

Et, comme les trois apôtres pâlissaient à cette nouvelle :

— Mais il est écrit, dit Jésus, que je combattrai et vaincrai la mort : n'ayez donc point souci de cette mort, car je ressusciterai le troisième jour!

Peut-être, la veille, eussent-ils douté; mais, après ce qu'ils venaient de voir, ils crurent du fond de leur cœur.

Jésus partit secrètement pour Jérusalem : décidé à mourir, il voulait au moins choisir l'heure de sa mort.

Il arriva dans la ville sainte pour la fête des Tabernacles.

Mais, partout où passait le Christ, c'était le sillon de lumière éclairant le ciel. — Comme il traversait un village de la Galilée, dix lépreux qu'on avait jetés hors des villes, isolés de toute communication, si hideux à voir, qu'ils n'osaient se regarder entre eux, et que, même parmi leurs pareils, ils étaient exilés, ayant appris son arrivée, se traînèrent sur son chemin, et de loin lui crièrent humblement et d'un cœur plein de foi :

— Jésus, notre maître! Jésus, notre Seigneur! Jésus, notre espoir! ayez pitié de nous!

Jésus les entendit, et, de la place où il était lui-même :

— Allez, dit-il, et montrez-vous aux prêtres!

Et, lorsqu'ils furent arrivés devant les prêtres, qui connaissaient de cette maladie, et qui prononçaient l'anathème contre les malades, il se trouva qu'ils étaient parfaitement guéris.

A peine Jésus était-il arrivé à Jérusalem, qu'il prêchait dans le temple, et, se tenant debout au milieu de ce parvis d'où il avait chassé les vendeurs, il s'écriait :

« Si quelqu'un a soif qu'il vienne à moi, et qu'il boive; du sein de celui qui croit en moi couleront des sources d'eau vive ! »

Enfin, comme des scribes et des pharisiens venaient de surprendre une malheureuse femme en adultère, et l'emmenaient pour la lapider, selon la loi de Moïse, ils conduisirent cette femme à Jésus, qui était dans le vestibule extérieur du temple, et, captieusement, pour l'entraîner soit à une condamnation qui le ferait accuser de cruauté, soit à un acquittement qui le ferait accuser de sacrilége :

— Maître, lui dirent-ils, on vient de

surprendre cette femme en adultère; or, tu le sais, la loi de Moïse ordonne de la lapider.

La femme était jeune; elle était belle; en face d'une mort cruelle, elle pleurait.

Jésus vit ses larmes et répondit :

— Que celui de vous qui est sans péché lui jette la première pierre!

Alors, comme si scribes et pharisiens, interrogeant leur conscience, eussent compris que celui qui avait fait une pareille réponse voyait jusqu'au fond des cœurs, ils s'en allèrent les uns après les autres; si bien que Jésus et la femme adultère restèrent seuls.

Jésus regarda autour de lui, et, voyant que l'accusée avait été absoute par la seule force de sa parole :

— Femme, où sont les gens qui voulaient vous faire mourir? lui demanda-t-il.

— Je ne les vois plus, dit-elle, encore toute tremblante.

— Aucun tribunal ne vous a condamnée? demanda le Christ.

— Aucun, répondit-elle.

— Alors, ce n'est pas moi qui vous condamnerai, ô pauvre créature!.....
Mon père m'a fait rédempteur, et non pas juge! Allez donc, et ne péchez plus!

Après de pareils actes et de telles paroles, il était impossible que le Christ demeurât inconnu à Jérusalem. Sa présence y fut révélée par le cri unanime de ses ennemis, et surtout par les rumeurs du peuple, qui le suivait en tout lieu, disant :

— Cet homme est assurément un prophète!

D'autres disaient :

— C'est mieux qu'un prophète, c'est le Messie. Rappelez-vous les paroles de Jean le Baptiseur, avouant que lui, Jean, n'était que l'apôtre, et que Jésus était le fils de Dieu.

Il est vrai que d'autres disaient, au contraire :

— Cet homme vient de la Galilée, et le Christ doit venir, non pas de la Galilée, mais de Bethléem, puisqu'il doit être de la race et de la ville de David.

Mais tous ne l'écoutaient pas moins avec avidité, tant chacune de ses paroles répondait au besoin de ces âmes malades de servitude, de ces corps souffrants de misère.

De sorte que, des archers ayant reçu l'ordre d'arrêter le Christ, et l'ayant trouvé au milieu d'une foule ravie, soit qu'ils fussent eux-même séduits par ses paroles, soit qu'ils craignissent quelque sédition populaire, ils n'osèrent l'arrêter.

Ils revinrent donc vers les princes des prêtres et vers les pharisiens, qui leur dirent :

— Pourquoi n'avez-vous point arrêté cet homme, et ne nous l'avez-vous pas amené ?

Les archers secouèrent la tête.

—Jamais homme n'a parlé comme cet homme ! répondirent-ils.

A cette réponse, les pharisiens s'effrayèrent.

— Mais, dirent-ils aux archers, vous aussi, êtes-vous donc séduits comme les autres?... Avez-vous donc vu autour de lui des sénateurs ou des gens du grand conseil?

— Non, répondirent les archers; mais nous y avons vu un grand nombre de gens du peuple, une multitude d'hommes de la nouvelle ville et des faubourgs.

— Alors, dirent les pharisiens, tout ce qui l'entoure n'est que populaire, gens sans asile, vagabonds, maudits de Dieu... Retournez donc, et arrêtez cet homme.

Mais un des sénateurs se leva.

— Notre loi, dit-il, ne permet pas d'arrêter un homme sans un jugement du grand conseil, et nous n'avons le droit de condamner aucun accusé sans que cet accusé ait été entendu.

— Êtes-vous aussi Galiléen, Nicodème? s'écrièrent alors plusieurs voix. Lisez les Écritures, et vous verrez qu'il ne vient point de prophète de Galilée.

Nicodème ne répondit rien ; mais, cependant, comme sa voix avait la puissance qu'a toujours la voix d'un homme juste et estimé, chacun se retira chez soi sans qu'il y eût de décision prise contre Jésus.

Néanmoins, celui-ci, qui avait vu les archers, et qui avait d'avance choisi la Pâque prochaine pour l'époque de sa mort, se retira de Jérusalem, prenant au hasard le premier chemin venu.

Mais, suivi du peuple, il allait toujours, rendant la vue à un aveugle-né, disant la parabole du bon pasteur, annonçant aux pharisiens qu'ils mourraient dans leur péché.

Au milieu de ses courses et de ses

prédications, un messager tout poudreux lui arriva.

— Je viens de Béthanie, dit-il; je vous suis envoyé par Madeleine et par Marthe, sa sœur : toutes deux m'ont chargé de vous dire que leur frère Lazare est bien malade.

— Bon, répondit Jésus, rien ne presse : cette maladie est pour le plus grand honneur de Dieu, et afin que le Messie soit glorifié.

Et le messager s'en retourna.

Et Jésus demeura encore plusieurs jours dans le lieu où il était; puis il dit à ses disciples :

— Maintenant, allons voir Lazare!

Cela n'étonna personne, car on savait que Jésus affectionnait particulièrement cette famille.

Et il ajouta :

— Venez! notre ami Lazare dort; je vais l'éveiller!

Les disciples le suivirent sans comprendre; mais rarement, excepté Pierre, l'interrogeaient-ils sur le sens de son langage figuré; ils savaient que ce langage s'expliquait toujours de lui-même.

Aussi, répondirent-ils, croyant que le maître parlait d'un sommeil ordinaire :

— Seigneur, s'il dort, il sera guéri.

Mais Jésus reprit :

— Lazare est mort!

Et comme les disciples s'étonnaient qu'il eût laissé mourir un homme qu'il appelait son ami :

— Venez, venez, dit le Christ, car tout est accompli par la volonté de Dieu, et afin que ceux qui douteraient encore ne doutent plus.

Et, comme quelques-uns hésitaient, disant :

— Mais nous sommes proscrits, mais le maître est proscrit, mais il ne peut manquer de nous arriver malheur, si nous rentrons dans Jérusalem !

Thomas dit aux autres disciples :

— Allons avec le maître, afin de partager son sort, et, s'il meurt, de mourir avec lui !

Jésus le regarda tendrement, et lui dit :

— Après une telle parole, Thomas, si tu doutes jamais, tu as d'avance ton pardon.

Et l'on se mit en route pour Béthanie.

Sur le chemin, Jésus rencontra Marthe; pauvre sœur désolée, elle était venue au-devant du grand consolateur.

— Oh! s'écria-t-elle dès qu'elle l'aperçut, si vous eussiez été ici, Seigneur, mon malheureux frère ne serait pas mort! Pourquoi donc n'étiez-vous pas ici, ou pourquoi n'êtes-vous pas venu lorsque je vous ai fait demander?

Et elle fondait en larmes, et tordait ses bras de douleur en disant ces paroles.

Jésus lui répondit :

Ne pleurez plus, Marthe, votre frère ressuscitera!

— Oui, dit Marthe, au jour de la résurrection, avec les autres hommes.

Mais Jésus, l'interrompant du geste :

— Je suis, dit-il, la résurrection et la vie, et celui qui croit en moi vivra, même quand il serait mort; et quiconque vit et croit en moi ne mourra point pour toujours... Répondez-moi du fond du cœur, croyez-vous cela, Marthe?

Et Marthe s'écria :

— Oh! oui, je vous crois!... oui, je crois que vous êtes le Christ! je crois que vous êtes le fils du Dieu vivant! je crois que vous êtes venu dans ce monde pour nous racheter tous!

Et elle courut vers la maison, et, trouvant Madeleine assise, et pleurant au milieu d'un grand cercle d'amis qui étaient venus de Jérusalem pour essayer de consoler les deux sœurs, elle lui dit tout bas :

— Le Seigneur vient et n'est plus qu'à quelques pas d'ici

Aussitôt le visage de Madeleine s'illumina, ses larmes tarirent; elle se leva, et, sans prononcer une parole, s'élança vers la porte, et courut au-devant de Jésus.

Car, si Marthe croyait, elle, pauvre pécheresse, croyait bien plus profondément encore!

Puis, à tous ses amours profanes, avait succédé un seul amour : l'amour divin.

Voilà pourquoi elle se précipitait au-devant du Seigneur; et son cœur purifié volait devant elle avec des ailes aussi blanches que celles d'une colombe.

Les Juifs qui l'entouraient, et qui la virent sortirent ainsi, se disaient les uns aux autres :

— Pauvre femme! elle va, dans sa douleur, pleurer au tombeau de Lazare; suivons-la, et pleurons avec elle.

Mais Madeleine ne s'arrêta point devant le tombeau; elle passa outre, se contentant d'envoyer au mort bien-aimé un geste de douleur mêlé d'espérance.

Les Juifs continuèrent de la suivre.

Alors, ils virent au loin un groupe considérable, et en tête de ce groupe marchait un homme au visage calme et à la démarche assurée.

Madeleine reconnut Jésus, et, avant de l'avoir joint, — n'osant sans doute, par humilité, aller jusqu'à lui, — elle tomba à genoux, les bras étendus, et criant avec cette ardeur passionnée qui avait brûlé son cœur de tant de feux terrestres :

— O Seigneur! Seigneur! si vous eussiez été ici, mon frère ne serait pas mort!

Alors, voyant qu'elle pleurait; voyant que ceux qui étaient venus avec elle pleuraient, Jésus frissonna jusque dans son esprit, et, se troublant lui-même :

— Où avez-vous mis ce mort bien-aimé ? demanda-t-il d'une voix altérée.

— Oh! venez, venez, Seigneur! s'écria Madeleine, je vais vous conduire à sa tombe.

Alors, Jésus la suivit, et, tout en la suivant, il pleurait.

Et les Juifs disaient, se le montrant entre eux :

— Voyez donc comme il l'aimait! voyez donc comme il pleure!

Et d'autres répondaient :

— Pourquoi n'est-il pas venu alors, quand on l'a demandé? Lui, qui guérit les aveugles et les paralytiques, eût certes bien pu le guérir.

L'on arriva ainsi au sépulcre. — Marthe attendait à genoux.

Et Jésus demanda :

— Est-ce donc là qu'est enterré mon ami Lazare?

C'est sous cette pierre, répondit Marthe.

Quant à Madeleine, elle avait le cœur si oppressé de douleur, si frissonnant d'espoir, qu'elle essayait vainement de parler : des lambeaux de phrases sortaient de sa bouche, des lambeaux de soupirs sortaient de sa poitrine.

Jésus regarda les deux femmes avec une tendresse extrême, et dit aux assistants :

— Levez cette pierre !

— Mais, répondit Marthe, considérez, Seigneur, qu'il y a quatre jours que notre frère Lazare est couché dans le sépulcre, et que la corruption doit déjà être en lui.

Alors, Jésus étendit la main, disant :

— Soulève-toi de toi-même, pierre de la tombe!... Lazare, sors de ton sépulcre!

Et la pierre se souleva comme si la main du mort l'eût poussée, et l'on vit le trépassé dans son tombeau, enveloppé de son suaire, lié autour de lui par des bandelettes qui lui couvraient juqu'a. visage.

Et le trépassé se leva à son tour, au milieu d'une épouvante qui n'avait pas encore eu le temps de tourner en joie

Alors, Jésus dit :

— Déliez-le, et laissez-le aller !

Et Marte et Madeleine se précipitèrent sur Lazare, déchirant suaire et bandelettes, et criant :

— Gloire à Dieu !... gloire au Seigneur Jésus !... miracle !

Et Lazare répéta après elles, d'une voix mal vivante encore :

— Gloire à Dieu !... gloire au Seigneur Jésus !... miracle !

Selon la promesse du Messie, Lazare était ressuscité.

Jamais le Christ n'avait fait miracle plus patent, plus public, plus extraordinaire.

Aussi les assistants coururent-ils, presque insensés, jusqu'à Jérusalem, racontant ce qu'ils avaient vu, et criant :

— Oh ! pour cette fois, le Messie est bien parmi nous !

Jésus, de son côté, se retira sur la limite du désert, dans la ville d'Ephrem ; et, comme Marthe et Madeleine, comme le nouveau ressuscité surtout essayaient de le retenir parmi eux :

— Mon heure n'est pas encore arrivée, dit Jésus : je reviendrai prendre un dernier repas avec vous à la Pâque prochaine.

Et il s'enfonça du côté du désert et disparut.

CHAPITRE VI.

MALHEUR A JÉRUSALEM !

Le bruit du miracle s'était répandu non-seulement à Jérusalem, mais encore dans les environs, et l'on accourait de tous côtés, — de Gethsémani, d'Anathot, de Béthel, de Silo, de Gabaon, d'Emmaüs, de Bethléem, d'Hébron et même de la Samarie, — pour voir, pour toucher Lazare ; et, quand ils l'avaient vu et touché, beaucoup doutaient encore de leurs yeux et de leurs mains, surtout ceux qui lui avaient rendu les derniers devoirs, et qui ne cessaient de répéter :

— Nous l'avons vu mourir! nous l'avons vu enseveli! nous l'avons vu en-terrer!

Mais, autant la joie de ce miracle était grande parmi le pauvre peuple, autant la consternation était suprême parmi les pharisiens, qui étaient particulière-ment ceux contre lesquels Jésus prê-chait, et parmi les hérodiens, qui, devant tout au tétrarque Hérode, lequel devait tout aux Romains, craignaient sans cesse qu'un nouveau Judas Macchabée n'affran-chit les Juifs du joug des étrangers.

C'est que le joug était honteux, mais doré!

Les pharisiens disaient :

— Défions-nous de cet homme, qui

fait des miracles que nul de nous ne peut faire!

Les hérodiens disaient :

— Si l'on n'arrête pas cet homme, il se fera quelque nouvelle révolte en Judée, et les Romains viendront et ruineront la ville !

Mais les riches seulement craignaient ; — ainsi que l'avait dit Jésus : ils n'avaient pas la richesse, la richesse les avait.

À partir de ce moment, pharisiens et hérodiens ne songèrent plus qu'à une chose : faire mourir celui qu'ils appelaient, les pharisiens, un blasphémateur ; les hérodiens, un rebelle.

Ils avaient pour eux le grand prêtre Caïphe, qui leur promettait la mort du coupable.

Mais en vain cherchaient-ils Jésus

dans Jérusalem et dans les environs, Jésus, comme nous l'avons dit, était à Éphrem, sur la limite du désert, où il attendait l'heure de sa mort.

L'heure arriva ; la Pâque était proche, Jésus dit :

— Allons à Jérusalem !

Il lui fallait repasser par la Samarie. Or, aller à Jérusalem pour y faire la Pâque, c'était plus que jamais se déclarer Juif et anti-Samaritain.

Aussi, la première ville où Jésus et ses disciples se présentèrent leur refusa l'hospitalité.

Ce que voyant deux des apôtres :

— Seigneur, dirent-ils, ne pouvant souffrir l'affront qui était fait au maître, voulez-vous que nous disions au feu du ciel de descendre et de consumer cette ville ?

Jésus sourit, car il vit que les apôtres commençaient à connaître sa puissance, et à mesurer la leur ; mais lσ: réprimandant presque aussitôt de s'être laissé aller à la colère :

— Ce n'est point mon esprit qui vous anime, leur dit-il : le fils de l'homme n'est pas venu pour perdre les hommes, il est venu pour les sauver!

Ils continuèrent leur chemin vers Jérusalem.

A une lieue de la ville, Jésus s'arrêta.

— Cette fois, dit-il, toutes les choses prédites par les prophètes vont s'accomplir. Écoutez ceci, afin que chacun de vous sache bien où il va. Le fils de l'homme sera livré aux princes des prêtres, aux scribes, aux anciens ; ils le condamneront à la mort, et le livreront aux Gentils; ils le railleront, ils lui cracheront au visage, ils le flagelleront; mais, le troisième jour, il ressuscitera !

Et la foi dans cette résurrection était si grande parmi certains apôtres, que deux des douze s'approchèrent de Jésus, et lui dirent :

— Maître, nous souhaitons que vous nous accordiez ce que nous avons à vous demander.

C'étaient Jacques et Jean.

— Que souhaitez-vous que vous accorde celui qui va mourir? demanda Jésus.

— Accordez-nous, lui répondirent-ils, que, dans notre gloire, nous soyons assis, l'un à votre droite et l'autre à votre gauche.

— Votre demande vous est accordée,

parce que vous avez la foi, dit Jésus. Le vendredi, — huit jours avant celui dont la mort du Christ devait faire le vendredi saint, — on arriva à Béthanie.

Les disciples avaient précédé Jésus, et le souper l'attendait chez ce même Simon où déjà une fois il avait soupé. Chacun se mit à table en arrivant; mais, comme les femmes ne pouvaient manger avec les hommes, tandis que Marthe vaquait aux soins du service, Madeleine alla s'asseoir à terre sur le plancher, aux pieds du Seigneur, dévorant chaque parole qui sortait de sa bouche.

Si bien que Marthe lui demanda :

— Que fais-tu là, à perdre ton temps, Madeleine, au lieu de venir m'aider?

— J'écoute, dit Madeleine.

Et, comme elle consultait des yeux Jésus pour savoir si elle devait se lever et aller aider sa sœur, ou rester près de Jésus, assise et écoutant :

— Reste, mon enfant, dit Jésus, tu as pris, toi, la meilleure part.

Madeleine continua donc d'écouter. Puis, à la fin du repas, elle se leva, sortit, mais rentra presque aussitôt, portant dans un vase d'albâtre une livre de nard dont elle arrosa les pieds de Jésus, qu'elle essuya, comme la première fois, avec ses cheveux.

Après quoi, elle cassa le vase, qui valait le double de ce que valait le parfum, et elle répandit le reste de la liqueur sur la tête du Christ.

Alors, Judas, l'un des apôtres, ne

pouvant retenir un mouvement d'envie, s'écria :

— C'est un péché que de perdre ainsi une pareille liqueur et de briser un pareil vase; on eût pu vendre cela trois cents deniers, et donner ces trois cents deniers aux pauvres !

Jésus regarda tristement Judas, car il voyait ce qui se passait dans son cœur, et que c'était, non point en faveur des pauvres qu'il plaidait, mais en faveur de son orgueil.

Alors, d'une voix dont l'accent était si mélancolique, que les larmes en vinrent aux yeux de quelques-uns :

— Judas, dit-il, pourquoi faites-vous de la peine à cette femme ? C'est une bonne pensée qui la guide. Vous aurez toujours des pauvres parmi vous, et vous pourrez toujours les soulager; mais, moi, vous ne m'aurez pas toujours... Elle avait gardé ce parfum pour ma sépulture, et elle a embaumé mon corps par avance. — Merci, Madeleine !

Ceux auxquels Jésus avait prédit sa mort comprirent seuls ; mais Madeleine ne comprit pas, et, regardant Jésus avec crainte :

— Que dites-vous, seigneur Jésus ? demanda-t-elle.

— Attends, tu verras, dit tristement Jésus ; et c'est à toi, je te le promets, pauvre pécheresse, que j'apprêtrai d'abord, en compensation de la grande douleur que je vais te faire souffrir.

— Je ne comprends pas, dit Madeleine; mais je n'ai pas besoin de comprendre, puisque j'ai foi en vous, Seigneur.

Jésus passa la journée du sabbat avec Marthe, Madeleine et Lazare ; mais, le dimanche matin, il se mit en marche. Le grand nombre d'étrangers qui venaient incessamment à Béthanie avaient répandu le bruit de son entrée dans Jérusalem, et avaient poussé hors des portes toute la foule populaire.

Lazare avait offert un cheval à Jésus ; mais Jésus avait répondu :

— Le cheval est le symbole de la guerre, et je viens apporter, non pas la guerre, mais la paix ; d'ailleurs, ma monture m'attend au village de Bethphagé.

Et il s'était mis en chemin.

Lorsque l'on fut en vue de Bethphagé,

il appela deux de ses disciples, et leur dit :

— Allez à ce village qui est devant vous; vous y trouverez une ânesse et un ânon : vous me les amènerez.

— Mais, si le propriétaire s'oppose à ce que nous les emmenions? demanda l'un de ceux que Jésus envoyait.

— Vous répondrez que le Seigneur en a besoin, dit Jésus, et on les laissera venir.

Les deux disciples prirent les devants, et, un instant après, amenèrent l'ânesse et l'ânon.

Les apôtres couvrirent l'ânon de leurs vêtements, et Jésus monta dessus, tandis que le reste du peuple glorifiait le Messie, chacun à sa façon, les uns étendant leurs manteaux sous ses pieds, les au-

— 277 —

tres arrachant des palmes, les autres cueillant des fleurs et les jetant par jonchées sur son passage, tous criant :
« *Hosannah!* »

Arrivé près d'un rocher qui dominait la ville, il s'arrêta, et, regardant Jérusalem :

— O Jérusalem! dit-il en versant des larmes, si tu reconnaissais au moins, en ce jour de grâce qui t'est donné, celui qui t'apporte la paix! Mais non, tu as un voile sur les yeux, ô Jérusalem; aveugle cité à laquelle je ne saurais rendre la lumière! Aussi, verras-tu ces jours malheureux où les ennemis t'environneront de tranchées, t'enfermeront de toutes parts, te prendront, et, après t'avoir prise, te raseront et te détruiront, toi et tes enfants. Eh, ces jours venus, il ne restera pas de toi pierre sur pierre, parce que tu n'as pas connu, ô Jérusalem, le temps où Dieu t'a visitée!

Et, depuis ce jour, on appela *rocher de la Prédiction*, le rocher où Jésus avait prononcé ces paroles.

Jésus continua son chemin, traversa le pont de Cédron; mais, alors, quelques-uns de ceux qui l'attendaient vinrent au-devant de lui, disant:

— Comment ferez-vous pour entrer, Seigneur? Voilà qu'on a fermé les portes derrière nous.

Et Jésus dit:

— Marchons toujours! l'homme peut m'ignorer, mais le bois, le fer me connaissent : la porte où je me présenterai s'ouvrira devant moi.

Alors, il s'avança droit vers la porte

Dorée, au milieu de plus de dix mille personnes qui lui faisaient cortège.

Et à peine en fut-il à vingt pas, que les quatre battants s'ouvrirent d'eux-mêmes, car la porte était double, et, de ce côté, on entrait dans la ville en passant sous deux voûtes séparées par un seul pilier.

Lorsque le peuple vit les portes s'ouvrir d'elles-mêmes, il jeta de grands cris de joie et de victoire, — car le peuple triomphait dans la personne de ce vainqueur qui avait pris pour monture le symbole de la sobriété et de la patience populaire.

Alors, plus que jamais les palmes s'agitèrent, les fleurs jonchèrent la route, les manteaux couvrirent le chemin; alors, plus que jamais les cris r'anvaient :

— Gloire au plus haut des cieux! béni soit celui qui vient au nom du Seigneur!

Et, par la double ouverture, Jésus marchant en tête, la foule se répandit dans la ville. Le Christ fit le tour du temple, sortit par la porte occidentale, passa entre le théâtre et le palais des Macchabées, longea le mont Acra, évita Sion, où étaient les palais d'Anne et de Caïphe, et où sa présence eût pu exciter des troubles, passa de la ville inférieure dans la seconde ville, de la seconde ville dans Bezetha, et revint au temple par le palais de Pilate et la piscine Probatique.

Ceux qui ignoraient encore ce qu'était Jésus, — et c'étaient, pour la plupart, des gens étrangers à Jérusalem, — demandaient avec étonnement :

— Quel est donc cet homme que tout le peuple suit et acclame?

Et ceux qui accompagnaient Jésus répondaient :

— C'est Jésus, c'est le prophète de Nazareth en Galilée.

Alors redoublaient les cris et les acclamations : les jeunes gens couraient, les vieillards se traînaient, et les enfants, — même les plus petits, — ces enfants que Jésus avait toujours laissés venir jusqu'à lui, — se joignant aux hommes, aux femmes, aux vieillards, criaient :

— Gloire au fils de David! Béni soit celui qui vient au nom du Seigneur! béni soit le roi d'Israël!

Et si, dans la foule qui accourait sur les pas de Jésus, se trouvait un aveugle, l'aveugle voyait; si un boiteux avait peine à le suivre, le boiteux était guéri ; si un paralytique était apporté devant sa porte, le paralytique se levait ; si un muet se rencontrait sur le chemin du Christ et l'acclamait d'intention, sa langue se déliait, et, à l'étonnement de ceux qui ne lui avaient jamais entendu prononcer une seule parole, il criait aussi haut que les autres :

— Gloire au fils de David! Béni soit celui qui vient au nom du Seigneur! béni soit le roi d'Israël!

Et l'on voyait se tirer avec peine de la foule les princes des prêtres, les scribes et les pharisiens, qui s'éloignaient consternés, se voilant le visage de leurs manteaux, et disant :

— Oh! nous ne gagnerons rien contre cet homme, car le voilà qui fait tant de miracles, que tout le monde court après lui.

Et quelques-uns eurent l'audace de s'avancer jusqu'à Jésus, et de lui dire :
— Faites donc taire ces enfants qui vous louent comme si vous étiez un Dieu.

Mais Jésus leur répondit :
— N'avez-vous pas lu dans le roi-prophète : « Il tirera la louange de la bouche des petits enfants et des nourrices; et, si les enfants se taisent, les pierres mêmes trouveront une voix, et se feront entendre à leur place ! »

On reconduisit Jésus au temple, et, lorsqu'il fut entré dans le second parvis, chacun se groupa autour de lui, en criant :
— Parlez, parlez, maître ! enseignez-

Et Jésus, qui avait hésité jusqu'alors à attaquer ses ennemis, et même à se défendre lorsqu'ils l'attaquaient, répondit :

— En effet, le temps est venu : écoutez donc, puisque vous voulez entendre ! voyez donc, puisque vous voulez voir !

Alors, dominant à sa voix cette puissante intonation qu'il savait lui faire prendre lorsqu'il passait de la caresse à la menace, et de la menace au maudissement :

— Vous voulez savoir ce que je pense des scribes et des pharisiens ? continuat-il, eh bien ! je vais vous le dire.

Il se fit un grand silence dans le peuple, on allait lui parler de ses ennemis.

— Les scribes et les pharisiens, reprit Jésus, sont assis dans la chaire de Moïse : observez donc leurs préceptes, suivez donc leurs enseignements; mais faites ce qu'ils vous disent de faire, et non pas ce qu'ils font; car eux disent et ne font pas, ou, s'ils font, font le contraire de ce qu'ils disent... Ils lient de lourds fardeaux, des fardeaux qui ne peuvent se soulever, et, au lieu d'en porter leur part, ils les chargent sur les épaules de leurs frères, et, une fois qu'ils sont chargés, ne les touchent plus, même du bout du doigt ; ils font chaque chose pour être regardés des hommes, et non pas pour être regardés de Dieu ; ils prennent la première place dans les repas; ils s'assoient au premier rang dans les synagogues, et n'attendent pas qu'on leur dise : « Placez-vous ou asseyez-vous là; » ils aiment à être salués dans les rues, et à se faire appeler maîtres par des gens qui ne sont pas leurs serviteurs. — O mes frères! continua Jésus en s'adressant à ses disciples, fuyez cet exemple! ne prenez pas le nom de maîtres! car vous n'avez qu'un maître, et vous êtes tous frères; n'appelez pas non plus votre père qui que ce soit ici bas, car vous n'avez qu'un père qui est au ciel! Que celui, au contraire, qui se croira le plus grand parmi vous, se fasse le serviteur des autres : quiconque s'élèvera sera humilié, et quiconque s'abaissera sera élevé!

Puis, revenant à ceux qu'il avait attaqués d'abord :

— Mais malheur à vous, scribes et pharisiens hypocrites, qui n'entrez pas dans le royaume des cieux, et qui en fermez la porte à ceux qui veulent y entrer! Malheur à vous, scribes et pharisiens hypocrites, qui dévorez jusqu'aux maisons des veuves, sous le prétexte de faire de longues prières, et qui, pour le prétexte que vous prenez, serez punis plus rigoureusement! Malheur à vous, scribes et pharisiens hypocrites, qui courrez la terre et la mer pour vous faire un prosélyte, et qui, une fois que vous avez ce prosélyte, le rendez digne de l'enfer deux fois plus que vous! Malheur à vous, scribes et pharisiens hypocrites, conducteurs aveugles qui dites : Si un homme jure par le temple, cela n'est rien ; mais, s'il jure par l'or du temple, il est obligé à son serment! » comme si l'on devait plus estimer l'or que le temple qui sanctifie l'or. Malheur à vous, scribes et pharisiens hypocrites, qui dites : « Si un homme jure par l'autel, cela n'est rien; mais, s'il jure par le don qui est sur l'autel, il est obligé à son serment! » comme si l'on devait plus estimer le don que l'autel sur lequel il est déposé! Non! celui qui jure par le temple, jure par le temple et par celui qui l'habite; celui qui jure par l'autel, jure par l'autel et par ce qui est dessus; et celui qui jure par le ciel, jure par le ciel et par celui qui y est assis!

Et, comme Jésus s'arrêtait un instant :

— Continuez, maître! continuez! crièrent toutes les voix.

Et Jésus reprit :

— Malheur à vous, scribes et pharisiens hypocrites, qui payez la dîme de la menthe, de l'aneth et du cumin, et qui avez abandonné ce qu'il y a de plus important dans la loi, c'est-à-dire la justice, la miséricorde et la foi! Malheur à vous, scribes et pharisiens hypocrites, qui nettoyez le dehors de la coupe et du plat, et qui laissez le dedans plein de méchancetés et d'intempérances, tandis que vous devriez nettoyer, au contraire, le dedans du plat et de la coupe, et laisser le dehors se nettoyer de lui-même! Malheur à vous, scribes et pharisiens hypocrites, qui êtes semblables à des sépulcres blanchis, lesquels, vus au dehors, paraissent beaux aux yeux des hommes, mais, vus au dedans, sont remplis d'ossements et de pourriture! Oh! malheur à vous! malheur à vous, qui bâtissez des tombeaux pour tous les prophètes, et qui faites des monuments à tous les justes; à vous qui dites : « Si nous eussions vécu du temps de nos pères, nous n'eussions pas mis à mort les justes, nous n'eussions pas tué les prophètes, » et qui avouez par là que vous êtes les fils des meurtriers des prophètes, les descendants des assassins des justes! Malheur à vous, race de vipères, famille de serpents! achevez, achevez de combler la mesure de vos pères! Et, moi, je vous le dis, je vous enverrai un prophète, et vais vous envoyer des sages, et vous crucifierez l'un, et vous fouetterez, persécuterez, martyriserez les autres, ceux-ci dans vos synagognes, ceux-là dans vos villes ; aussi tout le sang versé retombera sur vous, depuis le sang d'Abel le juste, jusqu'à celui de Zacharie, que vous avez tué entre le temple et l'autel !

Puis, s'avançant vers la porte occidentale du temple, et étendant ses deux mains sur la ville :

— Jérusalem ! Jérusalem ! dit Jésus d'une voix profondément triste, Jérusalem, qui tues les prophètes et lapides ceux qui sont envoyés vers toi, combien de fois ai-je voulu rassembler tes enfants sous mon manteau comme un oiseau rassemble ses petits sous ses ailes ! Et c'est toi, ô Jérusalem ! qui ne l'as pas voulu ! Aussi, les enfants seront dispersés sur la surface du monde, et, de tous ces bâtiments, de tous ces édifices, de tous ces palais que j'ai sous mes pieds et que j'embrasse de mon regard, je te le dis, ô Jérusalem! il ne restera pas pierre sur pierre!...

Alors, comme s'il eût éprouvé une trop grande fatigue à maudire si longtemps, Jésus s'arrêta et se laissa tomber sur un banc.

Et, comme il était placé devant le tronc du temple où chacun venait déposer son aumône, après des gens riches qui y avaient fastueusement jeté de l'argent et de l'or, une pauvre femme s'avança pour y glisser humblement deux petites pièces de cuivre.

Jésus, qui faisait de toutes choses un enseignement, appela les disciples :

— Venez ici, leur dit-il, et voyez sur... cette pauvre veuve; elle a plus donné que tous ceux qui, jusqu'à présent, ont mis dans ce tronc, car tous ceux qui ont donné, ont, pour donner, pris sur leur superflu, tandis qu'elle a pris sur son indigence.

Alors, un homme s'approcha de Jésus, et lui dit :

— Maître, vous qui nous avez appris tant de choses, apprenez-nous encore celle-ci : Faut-il payer ou ne pas payer le tribut à César ?

Jésus comprit à l'instant que cet homme ne lui faisait pas la question de lui-même, mais lui était envoyé par ses adversaires et ses persécuteurs.

Car, si, en effet, Jésus disait : « Payez le tribut, » il était l'ennemi du peuple, que ce tribut ruinait ; si, au contraire, il conseillait de ne pas payer le tribut,

Jésus se déclarait l'ennemi de César, contre lequel il entrait en rébellion.

Mais Jésus répondit :

— Mon ami, montrez-moi une pièce de monnaie.

Et l'homme tira de sa bourse une pièce de monnaie, et la montra à Jésus.

Alors, Jésus lui demanda :

Quelle est l'effigie empreinte sur cette pièce de monnaie?

— C'est celle de César.

— Eh bien ! dit le Christ, rendez à César ce qui appartient à César, et donnez à Dieu ce qui est dû à Dieu.

Et, se levant, il s'en retourne vers Béthanie.

Et il en descendait ainsi tous les matins, après avoir passé la nuit sur la montagne des Oliviers, au milieu des tombeaux du peuple, où, disait-on, les anges du Seigneur venaient lui apporter les paroles de son père.

Et, chaque matin, tout ce qu'il y avait de pauvres gens à Jérusalem, s'augmentant du peuple des environs et des étrangers qui affluaient dans la ville, venait le visiter.

Il descendit ainsi de Béthanie le lundi, le mardi et le mercredi.

Ce dernier jour, l'affluence fut si grande, les cris de « Vive Jésus, roi des Juifs! » furent poussés si haut, que les pharisiens, épouvantés, coururent chez Caïphe, et que Caïphe convoqua chez lui les princes des prêtres et les anciens du peuple, afin de tenir conseil.

Le conseil finit à onze heures du soir.

Le lendemain jeudi, Jésus ne descen-

dit point à Jérusalem, mais dit seulement à ses deux disciples Pierre et Jean :
— Entrez ce soir dans la ville par la porte des Eaux, prenez la montée de Sion, marchez tout droit devant vous jusqu'à ce que vous ayez rencontré un homme portant une cruche ; remplie d'eau sur son épaule ; alors, suivez cet homme, entrez avec lui où il entrera, et dites au maître de cette maison que Jésus de Nazareth lui adresse ces paroles : « Mon temps est proche ; en quel endroit mangerai-je la pâque, cette année, avec mes disciples ? »

Comme nous l'avons vu, les instructions de Jésus avaient été ponctuellement suivies : Pierre et Jean étaient entrés à Jérusalem ; ils avaient trouvé près de la piscine de Sion l'*homme à la cruche* d'eau; ils l'avaient suivi jusque chez son maître Iléli; Iléli avait montré aux disciples la chambre préparée pour la cène, et, afin d'avertir Jésus que ses commandements étaient remplis, il était monté sur la terrasse de sa maison, avait élevé dans l'air la flamme d'une torche, et Jésus, qui était assis sous les palmiers de Belphagé, ayant vu cette flamme, avait dit : « L'heure est venue... Allons ! » Et, s'étant levé, il avait, avec ceux qui l'entouraient, pris le chemin de la ville.

FIN DU DEUXIÈME VOLUME.

Paris. — Typ. de M⁰ᵉ Vᵉ Dondey-Dupré, rue Saint-Louis, 46.

ROMANS MODERNES, HISTOIRE, LITTÉRATURE ET VOYAGES ILLUSTRÉS.

20 centimes la livraison contenant la matière d'un volume in-8°.

EN VENTE :

Vignettes, fr. c.
La Fan... (?), par Paul de K..?
En mai... ....., par Fr. Soulié. 7 » 20
Juif..., par Frédéric Soulié. 18 1 50
La Lion..., par Frédéric Soulié. 20 » »
Diane :: Thiers..., par Fréd. Soulié. 8 » 50
Les Consuellers d'État, par Fr. Soulié. 24 1 10
Le Traineur rouge, par J. Laillie. 16 » 90
Les quatre Sœurs, par Fr. Soulié. 24 1 10
Le Monsieur!, par Fréd. Soulié. 21 1 10
Le Monsieur!, par Paul de Kock. 23 1 10
Voyag... autour du Monde (Souvenirs d'un Aveugle), par Jacques Arago. 130 2 05
Un Tête-..-à-tête, par Dinocourt. 17 » 90
Ru-folle-Paris ..., par Fréd. Soulié. 8 » 60
Le Comte de Toulouse, par Fr. Soulié. 23 1 10
Le Juif errant, par E. Sue. 312
Les Mystères de Paris, par E. Sue. 375
L'Homme aux trois Culottes, par Paul Kock. 17 » 90
Les Mémoires d'... impératrice, par I. Marco de Saint-Hila...
B... souterraine, par Charles Didier. 10 » 50
Sarbath!, par Frédéric Soulié. 23 1 10
Le Vicomte de Béziers, par Fr. Soulié. 23 1 10

Les mêmes par séries brochées séparément comme suit :

La Marquise de Brinvilliers, la Comtesse de Saint-Géran, Karl Sand,
Murat, les Cenci, par ...umas,
Les Crimes célèbres, par Al. ...mas, les 5 parties en un seul volume. 16 8 25
Marie Sturnt, ...rnas. 14 » 70
Les Borgia, l... arquis d... Ganges, par Alex. Dumas. 14 » 70
Le Marcureau, Mic. Urtrit, Gran...
dier, par Alex. D..mas. 16 » 80
Jeanne de Naples, Vaninka, par Al. Dumas. 18 1 10
14 » 70

MAGASIN THÉATRAL ET LA FRANCE DRAMATIQUE ILLUSTRÉS.

20 centimes chaque pièce complète.

EN VENTE :

Simple Histoire, p. R. Scribe et de Courcy. 20 c.
Un Bal du grand monde, par Varin et Dumanoir. 20 c.
La Paridondaine, par Dupeuty et Bourget. 90
Jean le Cocher, ...ch. ..y. 20
La Fille de J... Gregoire, par MM. Dalaporte et (i. de Monticau.
Bérocket, par H. de Balzac. 20
Claude, par Georges Sand,
La Marquise de Senneterre, par Mélesville et Duveyrier. 20
Le Verre d'eau, par E. Scribe.
La Pensionnaire mariée, par Scribe et Varner. 20
Les Rubans d'Yvonne, par Ch. Paul de Kock et L. Thiboust.

Jenny l'Ouvrière, par de Courcelles et J. Barbier. 20
La Riche et le Pauvre, par Émile Souvestre. 20
Les Enfants de troupe, p. Bayard et Biéville. 20
Les Pilules du Diable, par Anicet Bourgeois et F. Laloue. 20
Le Diplomate, par E. Scribe. 20
La Chanoinesse, par E. Scribe et Francis Cornu. 20
La Mort de la Dame de Chœurs, par Duvert et Higard. 20

25 centimes la livraison.

CHANTS ET CHANSONS POPULAIRES DE LA FRANCE.

Chaque livraison se compose de 4 belles vignettes sur acier et d'une grande quantité de chansons populaires, grivoises, bachiques, militair..., romances, cantiques, complaintes historiques et burlesques.

L'Ouvrage sera complet en 14 livraisons, 50 livraisons sont en vente.

Paris. — Imprimerie de M⸱⸱ V⸱ Dondey-Dupré, rue Saint-Louis, 46, au Marais.

www.ingramcontent.com/pod-product-compliance
Lightning Source LLC
Chambersburg PA
CBHW071131160426
43196CB00011B/1865